Margot Berger

Letzte Chance für Jana

Margot Berger
begann ihre Journalistenlaufbahn als Redakteurin bei großen Tageszeitungen und Frauenzeitschriften. Heute arbeitet sie als selbstständige Journalistin und Buchautorin in Hamburg. Als begeisterte Reiterin schreibt sie auch für Pferdezeitschriften und Jugend-Tiermagazine.

In der Reihe »Eine wahre Pferdegeschichte« liegen außerdem vor:
Blindes Vertrauen
Auf der Suche nach Calido
Freundschaftsprobe

Von Margot Berger sind in der Reihe »Die Pferde vom Friesenhof« bei Ensslin außerdem erschienen:
Ein Wunschpferd kommt selten allein (Sammelband)
Das liebste Pferd der Welt (Sammelband)
Wirbel um zwei Shettys
Das Versteck im Leuchtturm
Kleines Fohlen sucht Freunde
Rettung aus der Flut

Margot Berger

Letzte Chance für Jana

Eine wahre Pferdegeschichte

ENSSLIN

Erzählt nach einer wahren Geschichte.
Die Namen von Personen und Orten wurden geändert.

In neuer Rechtschreibung

2. Auflage 2008

Covergestaltung: Frauke Schneider
unter Verwendung eines Fotos von T. Lacoste © jupiterimages
Gesamtherstellung: Westermann Druck Zwickau GmbH
ISBN 978-3-401-45279-1

www.arena-verlag.de

Ministerium der Justiz [redacted]

[redacted]

[redacted],

Im Namen des Volkes!

Urteil

In der Jugendstrafsache

gegen: [redacted]

geb. am: [redacted]

wohnhaft in: [redacted]

wegen Diebstahls, Fahren ohne Fahrerlaubnis und Sachbeschädigung

hat das Amtsgericht in [redacted]
durch den Richter [redacted]
für **Recht** erkannt:

Die Angeklagte wird wegen Ladendiebstahls, Fahren ohne Fahrerlaubnis und Sachbeschädigung zur Ableistung von **80 Stunden** in einer gemeinnützigen Einrichtung **verurteilt**.

Die Kosten des Verfahrens trägt die Angeklagte.

Der Gerichtsschreiber: [redacted]

Die Gerichtspräsidentin: [redacted]

1. Kapitel

Jana kneift die Augen zusammen und zieht den Kopf ein wie eine Schildkröte. Ihr Blick geht jetzt mitten durch das volle Trinkglas, das schräg vor ihr, zwei Meter entfernt, auf dem Richtertisch steht – zwischen einem Bündel Akten und dem Laptop, auf den eine junge Frau stumm einhackt. Das Licht bricht sich im Wasser und zieht den Richter in seiner Amtstracht lang und länger. Sieht aus wie ein Außerirdischer, der vor ihr im Glas schwimmt.

» . . . die Angeklagte stammt aus einem intakten sozialen Umfeld«, sagt der Richter.

Jana ahnt, dass er sie dabei anguckt. Sie will ihn aber keinesfalls anschauen und starrt auf das Wasserglas und seinen Kopf darin.

Wenn er redet, müssten eigentlich Luftblasen aufsteigen, denkt Jana. Wie bei einem Fisch.

Sie will nicht hören, was der Richter sagt. In Gedanken dreht sie den Ton ab und verfolgt lediglich seine Lippenbewegungen. Im Fernsehen hat sie solche Szenen schon Dutzend Mal gesehen, in Gerichtsshows, die sie sich nachmittags reinzieht, um die Leere in der Wohnung zu vertreiben.

Aber heute ist sie live dabei. Live vor dem Amtsgericht. Hauptverfahren gegen Jana Schmitt. Live ist nicht lustig. Wenn sie die Ohren auf Durchzug stellt, macht es ihr weniger aus. Einfach abschalten.

Unterm Tisch spürt Jana einen Knuff gegen ihr Knie. Irritiert sieht sie die Frau neben sich an. Sie soll sich zusammenreißen, deutet Jana den Blick ihrer Verteidigerin.

Frau Dr. Schäfer sitzt neben ihr auf der Anklagebank. In Wahrheit ist die Anklagebank gar keine Bank, sondern ein steifer Holzstuhl. Langweilig und schmucklos. Wie der ganze Raum. *Kleiner Sitzungssaal* steht an der Tür.

Die Rechtsanwältin strafft den Rücken. »Sitz mal gerade«, wispert sie.

Jana seufzt, setzt sich aufrecht hin und zieht sich die graue Leinenjacke an den Schultern zurecht. Viel zu weit ist der Blazer, logisch, weil er ihrer Mutter gehört.

»Jacke und Bluse machen sich vor Gericht besser als dein bedrucktes Kapuzenshirt.« Mit diesen Worten hat ihre Mutter ihr heute Morgen den spießigen Blazer aufgedrängt, bevor sie mit Jana losfuhr. Am liebsten hätte sie ihr sicher noch die schwarz gefärbten Fransenhaare abgeschnitten. Und den Kajalstrich abgewischt. Und die sechs silbernen Ringe von den Fingern gezogen. Obwohl ihrer Mutter normalerweise vollkommen egal ist, wie sie sich stylt.

Peinlich ist ihren Eltern die ganze Geschichte mit dem Gericht, wahnsinnig peinlich. Kein Sterbenswörtchen haben sie in der Siedlung über Janas Prozess verloren. Jede misstrauische Frage abgeblockt.

»Mehrfachstraftaten nennt man das, Jana«, sagt der Richter jetzt förmlich, »was du für coole Spielchen gehalten hast. Das gilt auch, obwohl du bei den Taten letztes Jahr erst vierzehn warst.« Er schlägt eine andere Tonart an und spricht entschiedener. »Straffällig zu werden ist absolut uncool.«

Bitte?

Was weiß denn dieser Opa, was cool ist! Da braucht sie sich nur seine Anziehsachen anzusehen. Solche gruseligen langen Fummel hat sie zuletzt bei ihren Computerspielen gesehen. Mächte der Finsternis.

Am Tisch gegenüber steht der dürre Mann vom Jugendamt auf und beginnt zu sprechen. Oliver Fischer. Jana rutscht auf ihrem Stuhl hin und her. Den Mann kennt sie bereits.

Kommt jetzt wieder die Nummer mit den Pferden? Wahrscheinlich. Zuerst hat sie gedacht, der Fischer veralbert sie, als der Typ ihr vor einigen Wochen vorschlug, auf einem Pferdehof irgendwelche Sozialstunden abzuleisten. Ausgerechnet sie! Wo Pferde doch nun wirklich das uncoolste sind, was es gibt. Schlimm genug, dass sie letztes Jahr eine Klassenreise zu einer Ferienreitschule über sich ergehen lassen musste.

Psychologe ist dieser Fischer. Oder Sozialpädagoge? Egal. Irgendetwas in dieser Richtung. In der Clique nennen sie die Typen vom Jugendamt immer nur Psychos.

Unbehagen steigt in Jana auf, als sie über den Besuch bei

diesem Fischer nachdenkt. Er hat sie und ihre Eltern in sein Büro der Jugendgerichtshilfe beordert. Wie das schon klingt!

»Wir wollen auffällig gewordene Jugendliche wie Jana wieder in die Gesellschaft zurückführen . . .«, hat der Psycho gesagt. »Ihre Tochter kann ihre Strafe bei einer Hilfsorganisation abarbeiten. Mädchen wie Jana bekommen dort eine Chance.«

Als Jana daran denkt, steigt sofort wieder Wut in ihr hoch. Wieso braucht sie eine Chance? Was hat sie schon groß verbrochen? Mal ein Computerspiel mitgenommen, ohne zu bezahlen, mal in Partylaune Autoscheinwerfer eingetreten. Einmal ist sie mit Papas Wagen zum nächsten Bahnhof gefahren. Ihr Vater hat sich nicht groß aufgeregt. Der macht ihr keine Vorschriften. Genauso wenig wie ihre Mutter. Nur die Polizei drehte durch. Obwohl nichts passiert ist.

Außerdem tun das doch alle. Jedenfalls viele. Was ist daran so fürchterlich? Was soll man sonst machen in dieser hessischen Einöde? Und wenn kein Bus geht, wie soll man abends in die Disco kommen? In die angesagten Konzerte nach Kassel, Fulda, Frankfurt? Ist doch logisch, dass man da ohne Führerschein fahren muss. Oder zumindest die Mofas frisieren, wie Gecko, Benz und Laser es gemacht haben, bevor sie Klasse M hatten. Seitdem dürfen sie Roller fahren.

Der Psycho redet und redet. Über sie. Wie er Jana einschätzt. »Sie hat nie Grenzen und Verbote kennengelernt. Offenbar erlebt Jana zu Hause und in der Schule, dass es folgenlos bleibt, wenn sie Absprachen und Vorschriften missachtet.«

Was meint der Typ damit? Doch wohl nicht, dass ihr Vater die kaputte Autolampe ersetzt hat und nicht sie, Jana! Natürlich wird ihr Papa auch die Anwältin bezahlen. Und die Gerichtskosten. Kann man doch auch verlangen; schließlich verdient sie als Schülerin nichts. Sauer waren ihre Eltern allerdings, weil das Urlaubsgeld dabei draufging. Reise gestrichen. Als ihre Mutter Janas Sparbuch ansprach – »Du hast doch 550 Euro darauf, wir finden, du solltest den Schaden davon bezahlen« – hat sie einen Wutanfall gekriegt. Einen Riesentanz gemacht. Und herumgeschrien.

»Dafür will ich mir ein Mofa kaufen! Keinen einzigen Schein rücke ich raus!«

Klar, dass ihre Mutter danach gleich still war. Wenn ihre Eltern etwas hassen, dann ist das Streit. Lieber geben sie nach. Da braucht sie nur ein bisschen laut zu werden.

Der Psycho allerdings, der gibt keine Ruhe . . . und sie muss sich von ihm vollquatschen lassen. Unterm Tisch ballt Jana die Fäuste.

»Jana hat offenbar Schwierigkeiten, sich in andere hineinzuversetzen, aber ein großes Bedürfnis nach Bindung.«

Was soll das nun wieder bedeuten? Furchtbar! Wie dieser Oliver Fischer sich aufbläst. Wäre sie doch nur unsichtbar.

»Als sinnvolle Maßnahme«, schließt der jetzt, »sieht die Jugendgerichtshilfe soziale Arbeit in Janas Freizeit an.

Wir haben dafür gemeinsam mit ihr einen Schutzhof für misshandelte Tiere ausgesucht, der bereits Erfahrung mit ähnlichen Jugendlichen hat. Jana mag Pferde, sie soll auf dem Gnadenhof erleben, dass Fürsorge für andere sinnvoll und wichtig ist.«

Mühsam unterdrückt Jana ein ärgerliches Stöhnen.

Es war ihr so peinlich, als ihre Mutter bei dem Gespräch damals behauptet hat, dass Jana Pferde schon immer mochte! Das Allerletzte, dass jemand sie für ein blödes Pferdemädchen hält! Pferde! Sonst noch was? Sie, Jana, hat das mit den Gäulen schließlich widerstrebend zugestanden, weil ihre Mutter ständig darauf herumkaute. Und damit der Psycho endlich Ruhe gab. Dieser Schutzhof schien ihr noch am wenigsten beknackt.

Der Psycho kam mit fiesen Vorschlägen, wo sie ihre Strafe abarbeiten könnte. Öko-Projekte schlug er vor. Verbesserung von Fließwässern aus fischökologischer Sicht. Unterirdisch. Oder Waldjugend. Sie musste nur einen Blick in die Broschüre werfen und hatte gleich genug. Naturfuzzis! Wickeln junge Bäume ein, sitzen abends am Lagerfeuer, singen Lieder und essen mit verklärten Gesichtern aus Gemeinschaftstöpfen. Bevor sie mit den Buschkackern Kartoffelsuppe löffelt und bescheuerte Lieder singt, geht sie doch lieber zu den Pferden. Die halten wenigstens das Maul.

Irgendwer redet sie direkt mit ihrem Namen an.

»Jana Schmitt.«

Weil Jana nicht hochsieht, weiß sie nicht einmal, wer da spricht. Sie soll noch etwas zum Abschluss sagen, wird

sie aufgefordert. Ja, gepfiffen. Natürlich schweigt sie. Die wollen ihr doch bloß das Wort im Mund umdrehen.
Wenig später erhebt sich der Richter und zugleich stehen alle im Raum von ihren Plätzen auf. Diskret zieht die Verteidigerin Jana vom Sitz hoch.
». . . dann ergeht im Namen des Volkes folgendes Urteil«, sagt der Richter. »In der Jugendstrafsache Jana Schmitt hat das Amtsgericht für Recht erkannt: Die Angeklagte wird wegen Diebstahls, Fahren ohne Fahrerlaubnis und Sachbeschädigung zur Ableistung von achtzig Arbeitsstunden in einer gemeinnützigen Einrichtung verurteilt. Bitte nehmen Sie Platz für die Begründung.«

Nach einer knappen Stunde ist das Gerichtsverfahren vorbei.
Mit zusammengepressten Lippen tritt Jana zwischen ihrer Mutter und Frau Schäfer auf den Flur hinaus.
Es ist so ungerecht! Sie allein musste vor Gericht! Dabei hätte es jeden anderen aus ihrer Clique ebenso gut treffen können. Gecko, Laser, Benz oder Pixi. Die meisten coolen Risikospiele machen sie schließlich gemeinsam. Aber nur sie, Jana, ist erwischt worden. Und nun muss sie sich wochenlang mit alten Zossen herumschlagen. Wenn sie daran denkt, überschwemmt Jana ohnmächtiger Zorn.
Wenn sie Pech hat, schleimt sich während der Zeit irgendeine Eule bei der Crew ein und nimmt ihr den Platz weg. Alina zum Beispiel mit ihren käsegelb gefärbten Haaren, das raffinierte Biest. Die Klassendiva aus der Par-

allel. Schleicht sowieso schon immer um die Jungs herum und reißt sich die Spaghettiträger runter, sobald sie Gecko oder Laser sieht.

Im Flur steht die Luft. Jemand stößt die schwere Eingangstür auf und schiebt einen Holzkeil darunter, um die erste Sommersonne einzulassen. In der Sitzecke, vor kahlen Wänden, die unvermittelt in Licht getaucht werden, kauert eine Handvoll Erwachsener. Ein junges Pärchen. Prollig. Ein Mädchen. Alle mit kränklichen Gesichtern.

Irgendwie ist Jana zufrieden, dass auch andere hier antanzen müssen. Fast übersieht sie die Hand, die der Psycho ihr entgegenstreckt.

»Melde dich morgen beim Schutzhof und verabrede, wann du anfängst. Hier ist die Adresse.«

Widerstrebend und mit bockig gesenktem Kopf nimmt Jana den Zettel entgegen.

»Woher wissen Sie denn, wann ich die Stunden voll habe? Muss ich das aufschreiben und Sie anrufen?«

»Darum brauchst du dich nicht zu kümmern. Der Tierheimleiter füllt den Vordruck für uns aus. Ich melde mich immer mal wieder bei ihm. Alles Gute, Jana. Die Arbeit mit den vernachlässigten Pferden wird eine wichtige Erfahrung für dich sein. Du hast die Chance, dich zu bewähren.«

Der Psycho dreht ab und verschwindet hinter der nächsten Tür.

Auf dem Flur will Frau Schmitt ihre Tochter unterhaken, aber Jana zieht eilig den Arm zurück und verbirgt sich

hinter ihr, als sie zum weit geöffneten Hauptportal geht. Gleißende Junisonne fällt auf die Stufen.
Hoffentlich wartet draußen keiner von der Clique. Kann allerdings kaum sein, denn von ihr hat niemand den Termin erfahren. Keinen einzigen Namen hat sie vor Gericht genannt. Kein einziges Wort über ihre Leute gesagt. Hätte sie natürlich leicht tun können. Schließlich hängen immer alle mit drin.
Nein, ihre Freunde werden nicht hierherkommen. Selbst wenn sie von der Verhandlung wüssten. Sind ja nicht blöd. Die Juristen mit ihrem angeborenen Misstrauen würden sich die doch sofort krallen. Ihre Namen notieren. Und später jeden Schritt von Gecko, Laser, Benz und Pixi kritisch beobachten. Genauso gut könnten die vier ihre Persos an den Sitzungssaal nageln.
Mit einem Blick checkt Jana den hellen Hof vor dem wuchtigen Gebäude ab. Benzingeruch hängt in der Luft. Bis auf zwei dicke Polizisten, die sich ächzend aus einem Streifenwagen wälzen, ist der Parkplatz verwaist. Sie atmet auf.
Oberpeinlich, wenn sie vor den Augen ihrer Freunde aus dem Amtsgericht käme. Und wenn die erst die Sache mit den Pferden erfahren . . .

2. Kapitel

Durch die Windschutzscheibe des Autos starrt Jana auf die Straße, die sich durch die offene Landschaft schlängelt.

Sobald ich mit der Schule fertig bin, haue ich ab. Nächstes Jahr. Wenn ich den Real in der Tasche habe.

Sie hat keine Lust, ihre Mutter neben sich anzugucken, und tut so, als interessiere sie sich für die Landschaft. Dabei kriegt sie das Würgen, wenn sie hinausschaut. Allein die öden Kornfelder, wenn sie die schon sieht! Und dahinter, bis zum Horizont, nichts als Rechtecke in Gelb, Braun, Oliv. Lauter Felder, Äcker, Wiesen. Wie ein Patchworkteppich. Nur ab und zu ein paar hingeduckte Dächer. In weiter Entfernung steigen lang gezogene Hügel an. Die Buchen- und Eichenwälder darauf schimmern mattgrün. Das ist die ganze Skyline.

»Du wohnst im Märchenland der Brüder Grimm. Hier haben sie ihre Geschichten aufgeschrieben.«

Seit dem Kindergarten muss Jana sich das anhören, immer wieder. Als würde das die Gegend aufregender machen.

Verzweifelt stöhnt Jana in sich hinein. Als Rotkäppchen kann man sich hier vielleicht wohlfühlen. Oder als Schneewittchen. Aber nicht, wenn man Jana Schmitt heißt und fünfzehn ist und nach Leben hungert. Dann geht man ein in dieser Langeweile. Warum wohnen andere Leute da, wo die Action ist? In Los Angeles, Sydney,

New York oder wenigstens in Berlin – und sie im Hessischen Bergland?
Hier passiert nichts. Hier ist immer alles gleich.
Der Wagen passiert ein kleines Nest. Neben der Straße drängen sich karierte Fachwerkhäuser dicht zusammen. In den Orten in dieser Gegend ist alles eng. Zu eng. Hier kann doch kein Mensch atmen.
Zwei Wochen ist die Gerichtsverhandlung jetzt her, es ist Anfang Juli und Jana und ihre Mutter sind unterwegs zum Schutzhof für Tiere. Jana soll dort ihren Antrittsbesuch machen und die Arbeitszeiten besprechen.
Ein schmales Schild, hinter üppigen Rosensträuchern leicht zu übersehen, weist auf die Anlage hin. In letzter Minute bremst Frau Schmitt ab und lenkt den Wagen in die holprige, grobsandige Nebenstraße, die sich in zahlreichen Windungen leicht bergan schlängelt.
»Hast du dir den Weg gemerkt? Die nächsten vier Wochen musst du die Strecke allein mit dem Rad fahren«, sagt Janas Mutter und fährt ihren kleinen Japaner auf den Hof. Durch geschlossene Scheiben dringt dunkles Bellen. Wiehern. Schnauben. Irgendwo zischt ein Hochdruckreiniger. Ein Traktor rumpelt vorüber.
»Was?«
Jana schießt vom Beifahrersitz hoch. Weiß ihre Mutter mehr als sie?
»Vier Wochen? Bist du verrückt? Die achtzig Stunden ziehe ich in acht Tagen durch. Jeden Tag zehn Stunden und zack, sind sie weg. Ich will doch nicht meine ganzen Ferien in die Tonne treten.«

Wenig später sitzen sie im Büro. Auf dem Schreibtisch liegt ein vorgedrucktes Schreiben vom Gericht, auf dem Jana über Kopf ihren Namen erkennt. Fett gedruckt. Tierheimleiter Max Wiegand, ein energischer, schlanker Mann mit runder Metallbrille, nimmt kein Blatt vor den Mund.
»Damit wir uns gleich verstehen«, sagt er und sieht Jana über seine Brillengläser direkt an. »Glaub nicht, dass du uns einen Gefallen tust, weil du bei den Pferden hilfst. Im Gegenteil: Du kannst dankbar sein, dass wir dir auf unserem Schutzhof die Chance bieten, wieder in die Spur zu kommen.«
Eine Frechheit! So hat noch niemand mit ihr geredet. Was glaubt der, wen er vor sich hat? Eins seiner Meerschweinchen?
»Phhh.«
Trotzig dreht Jana sich weg und betrachtet den Pferdekalender an der Wand.
Ich hab mich schließlich nicht darum gerissen, hier zu arbeiten.
Das große Fenster hinter Wiegand gibt den Blick frei auf eine Reihe Pferdeboxen an der gegenüberliegenden Hofseite. Jana zählt sie durch.
»Haben wir uns verstanden?«, hakt Herr Wiegand nach.
Was fällt denen vom Gericht eigentlich ein, mich hierher in die Wüste zu schicken? Bin ich nicht schon gestraft genug mit meinem abgelegenen Heimatkaff? Und der eingetretene Autoscheinwerfer ist doch längst bezahlt.
»Meine Tochter wird die Arbeit zuverlässig erledigen«, versichert ihre Mutter. »Wo sie doch Pferde so mag.«

Warum erzählt sie so einen Dreck? Jana verdreht die Augen. Wenn ihre Mutter doch bloß den Mund hielte. Sie und Pferde! Das Letzte! Nie hat Jana verstanden, warum so viele Mädchen aus ihrer Klasse einen Pferdetick haben. Mit Pferden schmusen, das tun doch nur gestörte Schnepfen.

Mit der Clique losziehen, nachts Schmiere stehen, wenn Gecko und die anderen Kupferrohre von Neubauten abmontieren und Elektrokabel mitnehmen, die sie an Schrotthändler verticken, das bringt es. Das ist der Kick.

»Das würde ich gern von Ihrer Tochter selbst hören«, sagt der Tierheimleiter. »Also – was ist, Jana?«

»Hm«, macht sie.

»Kannst du auch ganze Sätze sprechen?«

Fängt ja super an. Wie dieser Wiegand sich aufführt! Tierschützer sind nachsichtige Trottel, hat sie gedacht. Lassen alles durchgehen. Verschnarchte Säcke. Und nun kriegt sie so einen zähen Brocken . . .

Jana hebt den Blick über Wiegand hinweg und mustert desinteressiert den Pferdekalender. *Hessens Hengste* steht auf dem Rand. Wahrscheinlich hält sich der Typ selbst für einen Hengst. Wenn die elenden achtzig Stunden doch erst vorbei wären.

»Jana ist in schlechte Gesellschaft geraten«, erklärt Frau Schmitt, ohne dass der Hengst etwas gefragt hat, was in die Richtung zielt. »Im Grunde kann sie nichts dafür.«

Das ist mal wieder typisch. Ihre Mutter weiß doch gar nicht, was gelaufen ist! Die hat doch nur Angst, dass der Kerl ihr vorwirft, ihre Erziehung sei zu lasch. Das hat

nämlich der Psycho behauptet oder jedenfalls vermutet. Aber der hat natürlich auch keine Ahnung.
Wiegand macht ein gepeinigtes Gesicht. »Wenn das so wäre, hätte man Ihre Tochter wohl kaum verknackt.«
Er schiebt sich hinterm Schreibtisch hervor und fordert Jana und ihre Mutter auf, ihm zu folgen.
Lang ist der Kerl auch noch, denkt Jana frustriert, als Wiegand vor ihr her nach draußen geht. Einen Kopf größer als sie. Sieht automatisch auf sie herunter. Wie sie das hasst!
Teilnahmslos schlurft Jana an den hoch vergitterten Gehegen für Katzen vorüber. Einige blinzeln verschlafen von ihren Kletterbäumen herab. Ein überdachter Durchgang verbindet das Katzenhaus mit einer niedrigen hellen Halle, in der Meerschweinchen, Kaninchen und Hamster untergebracht sind. Wiegand dreht sich zu Jana um.
»Alles Verlierer, die hier sitzen. Abgeschoben.«
Jetzt holt er also den dicken Rührungshammer raus.
»Erst finden die Leute solche Kuscheltiere putzig für ihre Kinder«, fährt Wiegand fort. »Aber sobald sie feststellen, dass man den Käfig sauber machen muss und einen Tiersitter für die Ferien braucht, fliegen die Haustiere raus.«
»Und solche werden Ihnen dann gebracht?«
Am liebsten würde Jana »Fresse« schreien, als ihre Mutter sich einschaltet. Die hat sich doch noch nie für Viehzeug interessiert. Fragt bloß so scheinheilig, um Interesse zu heucheln. Um vor dem Macker besser dazustehen.
Wiegand schüttelt den Kopf.

»Die feinen Eltern haben nicht mal so viel Rückgrat, ihr Tier persönlich abzugeben und für Futter und Tierarzt zu bezahlen. Die stellen uns die Käfige einfach vors Tor und verschwinden. Ist natürlich ein schlimmes Vorbild für Kinder.«

»Hm«, grunzt Jana.

Der Wiegand soll sich mal nicht so wichtig machen. Tut so, als wüsste er als Einziger, was richtig und falsch ist. Jana fühlt, wie es die ganze Zeit in ihr brodelt. Der hält sich für einen Heiligen, der alles perfekt hinkriegt. Der heilige Wiegand. Sie muss sich zusammenreißen, um ihm nicht ein paar passende Worte an den Kopf zu werfen. Mit solchen Typen kann sie überhaupt nicht.

Sie umrunden zwei kleine Geräteschuppen und stehen dann vor den hohen Zäunen des Hundehofs. Vier große Mischlinge toben hechelnd durch den Auslauf, zu dem ein Hundehaus gehört, das Wiegand ihnen lang und breit zeigt.

Genervt sieht Jana auf die Uhr. Bei der Geschwindigkeit laufen sie heute Nacht noch hier herum. Warum muss sie sich das ganze Zeug ansehen? Hier wird sie doch sowieso nicht arbeiten, sondern bei den Pferden. Außerdem riecht es hier drinnen penetrant. Ein paar Hunde sind gerade mit triefendem Fell vom Spaziergang zurückgebracht worden.

In der Endbox hockt ein struppiger Schäferhund mit ängstlichem Blick und zieht sich winselnd zurück, als Jana zu ihm hineinguckt.

»Cäsar ist noch verstört. Der kommt von einem Alkoholiker, ist oft verprügelt worden«, erklärt Max Wiegand. Im gleichen Atemzug fragt er, als sie das Hundehaus verlassen: »Magst du eigentlich Pferde?«

Jana hustet. Es wäre leicht, mit »Ja« zu antworten, das will er doch wohl hören, aber es geht ihr einfach nicht über die Lippen.

Zum Glück scheint der Typ es nicht zu merken. Fragt gleich weiter. »Hattest du schon mal mit Pferden zu tun?«

Jana zuckt die Schultern. »Bei der letzten Klassenreise.«

Das stimmt genau genommen nicht, sie hat ständig Kopfweh und Magenschmerzen vorgetäuscht und die meiste Zeit auf dem Zimmer verbracht, mit ihrem Gameboy. Besser, als sich dieses alberne Geturtel mit den Ponys anzutun. Zum Kotzen, wie die Pferdetanten aus ihrer Klasse sich im Stall wichtig gemacht haben.

»Was waren denn das für Pferde?«

»Haflinger«, sagt sie wie aus der Pistole geschossen.

Gut, dass sie die Rasse noch im Kopf hat. Wiegand scheint zufrieden zu sein. Noch mal aus der Affäre gezogen! Auch wenn es ihr schwerfällt – sie darf diesen Mann nicht total gegen sich aufbringen. Sonst nimmt er sie möglicherweise nicht und sie muss sich etwas anderes suchen. In der Nähe gibt es aber nichts Brauchbares, wo sie die Miststunden hinter sich bringen kann. Ihre Mutter hat sogar etwas von einer Arrestanstalt gefaselt, extra für Jugendliche.

»Da landest du, wenn du nicht spurst im Tierheim.«

Wahrscheinlich leeres Geplapper, wie alles von ihr.

Ohne Interesse folgt Jana dem Tierheimleiter über den

gepflasterten Hof zum Pferdestall. Wenigstens scheint der Rundgang hier endlich zu Ende zu sein.

Vor den sechs Außenboxen bleibt Max Wiegand stehen. Sie sind leer und die Türen stehen offen.

»Zurzeit haben wir fünf Pflegefälle. Die Pferde stehen auf der Koppel hinterm Stall«, erklärt er und schleust seine Besucher durch einen Hohlweg zu einer kleinen Weide, wo die Pferde grasen. Herr Wiegand deutet auf zwei niedrige Shetlandponys, die ihre Köpfe in die Halme stecken.

»Die beiden stammen vom Jahrmarkt. Das ständige Laufen im Kreis hat ihre Knochen kaputt gemacht. Der kleine Gescheckte hat einen Tumor am Bein. Die zwei großen Braunen hat der Amtstierarzt beschlagnahmt. Sind misshandelt worden. Und die magere Fuchsstute – das ist die Rotbraune drüben am Zaun – ist offenbar einfach ausgesetzt worden. Man hat sie auf der Straße herumirrend gefunden und hergebracht.«

»Und was soll das jetzt?«, fragt Jana.

»Was meinst du?«

»Was Sie damit machen«, antwortet Jana. Ist der begriffsstutzig!

»Wir päppeln sie auf und vermitteln sie an anständige Leute.«

»Und wenn keiner die will? Das dürre Pferd besteht ja bloß aus Haut und Knochen. Darauf kann man doch nicht reiten.«

»Wenn sich kein Tierfreund findet, behalten wir die Pferde bei uns. Zum Glück gibt es mitunter nette Spender, die Patenschaften für solche Pferde übernehmen. Die zahlen dann das Geld für Futter und Tierarzt.«

»Ganz schön blöd«, entfährt es Jana.

»Jana«, ruft ihre Mutter entsetzt.

Sofort beißt sie sich auf die Zunge.

Toll, Jana! Gratuliere! Den Spruch hättest du dir echt sparen können!

Mist, gerade hat sie sich doch noch vorgenommen, sich zusammenzureißen. Aber wenn der Hengst so einen Schrott erzählt, muss man doch was sagen. Ist doch wahr. Warum sorgen die sich um abgewrackte Pferde oder ausgesetzte Hunde, Katzen und Karnickel? Das ist doch schreiend ungerecht, dass Viecher gehätschelt und getätschelt werden, nur weil sie zu Hause vernachlässigt worden sind. Und was ist mit ihr? Sie hätte schließlich auch gern jemanden, der sich wirklich um sie kümmert und sorgt. Ist sie schlechter als das Kleinvieh?

»Siehst du«, sagt der Hengst und guckt aus eins neunzig Höhe auf sie herunter, »dass du das Wort Mitgefühl kaum kennst und so wenig Gespür dafür hast, was in anderen vorgeht, ist auch ein Grund, warum der Richter dich hergeschickt hat.«

Am liebsten möchte Jana ihm ins Gesicht springen, wegen des besorgten Blicks, mit dem er sie von oben herab mustert. »Vielleicht kriegst du ja den Dreh und lernst hier, Mensch und Tier zu respektieren.«

Klugscheißer.

Sie will überhaupt keinen Dreh kriegen, nur diese lästige Strafarbeit abreißen.

»Ich mache jeden Tag zehn Stunden«, sagt Jana, um das Thema zu wechseln. »Von neun bis sieben. Dann bin ich in gut einer Woche fertig.«

»Das kannst du nicht bestimmen, Jana.« Max Wiegand sieht sie ruhig an. »Du musst du dich schon nach unseren Zeiten richten. Um acht Uhr fängst du morgens an. Dann ist Fütterungszeit.«

Das kann doch nicht wahr sein! Mit dem Rad muss sie dann spätestens um viertel nach sieben zu Hause los!

»Sei bitte pünktlich«, fährt Herr Wiegand ungerührt fort. »Pferde sind Gewohnheitstiere, die wollen ihr Futter immer zur gleichen Zeit. Du kannst bis elf oder zwölf bleiben. Nachmittags ist zu viel Trubel, da kommen die Leute, die mit den Hunden Gassi gehen. Am Wochenende hast du frei, dann haben wir ausreichend Helfer hier.«

Ernüchtert rechnet Jana aus, wie viele Tage diese Regelung ergibt. Sie fühlt, wie ihr das Blut in den Kopf steigt.

»Dann brauche ich ja mindestens vier Wochen«, schreit sie wütend. »Fast meine ganzen Sommerferien.«

Herr Wiegand zuckt die Schultern. »So sieht es wohl aus.«

3. Kapitel

Voller Frust rammt Jana ihr Rad in den Fahrradständer am Eingang des Tierheims. Ihr erster Tag im Einsatz. Um halb sieben hat ihre Mutter sie heute aus dem Bett geworfen. Und das in den Ferien!

Ob sie will oder nicht, als Erstes fällt Janas Blick auf die Pferde. Mit gespitzten Ohren starren alle fünf aus den Außenboxen in Richtung Futterhaus, das am anderen Ende des Hofs liegt. Als Janas Speichen am Stahlbügel des Ständers kratzen, äugen drei Pferde sekundenlang zu ihr hinüber. Gleich darauf fixieren sie wieder die Scheune.

»Ihr interessiert euch genauso wenig für mich wie umgekehrt«, murmelt Jana, ehe sie im Schuppen neben den Boxen verschwindet.

Im Halbdunkel kickt sie ihre metallicschwarzen Ballerinas von den Füßen und steigt in ein Paar klobige, gebrauchte Arbeitsstiefel. Diese plumpen Schnürschuhe hat der Hengst ihr gestern noch rasch aufgezwungen, bevor sie mit ihrer Mutter endlich wegkonnte.

Achtzig Arbeitsstunden. Wie ein unüberwindlicher Berg türmen sie sich vor Jana auf.

Missmutig latscht sie ins Freie, zupft das kurze Top zurecht und zerrt ihre engen schwarzen Jeans nach unten, die mit dem Saum auf die breiten Schaftränder aufstoßen. Hässlich. Diese peinlichen Stiefel zerstören ihr ganzes Outfit. Sie sieht ja aus wie ein Stahlarbeiter. Angeblich muss man die Gruselschuhe aus Sicherheitsgründen

tragen. Weil darin Stahlkappen verarbeitet sind. Falls ihr mal ein Pferd auf den Fuß tritt. Wer's glaubt . . .
Das macht der Typ doch bloß, damit sie nicht mehr so cool aussieht. Um sie kleinzukriegen. Damit sie mit ihrem Zeug nicht so heraussticht aus der grauen Truppe, die er auf dem Hof beschäftigt.
Gestern, bei dem Antrittsbesuch mit ihrer Mutter, hat er Jana die Tierpfleger vorgestellt. Für sie ein Haufen nichtssagender Arbeitsbienen. Fiese Figuren.
In der Tür zum Futterhaus taucht ein Angestellter auf. Jörg Ebert, Pferdepfleger. Dieser Typ ist allerdings unverwechselbar. Klein und gedrungen, kurzes, dünnes Meckihaar. Blass. Sieht selber aus wie ein Pflegefall.
Als er sich nähert, kommt Leben in die Pferde. Die magere Fuchsstute schwenkt den Kopf. Ein Brauner tritt gegen die Tür. Sein Kumpan dreht Kreise in der Box.
Ebert schleppt Futter heran. Rechts und links trägt er große, eckige Heuballen. Um die vierzig mag er sein. Breites Teiggesicht. Aufgeschwemmt. Optisch eine Zumutung.
Aufmerksam sehen die Pferde ihm entgegen. Voll freudiger Erwartung, findet Jana erstaunt. Stört es die denn gar nicht, dass dieser Eber so ein hässlicher, fetter Kerl ist? Ein richtiger Schwabbelsack. Den Namen hat Jana ihm in Gedanken gleich gestern verpasst.
»Frühstück für unsere Vierbeiner«, sagt der dicke Ebert, während er die großen Ballen vor der Boxenwand abwirft.
Freundlich ist er ja.

»Das Verteilen ist künftig deine Arbeit, Jana.«
Die beiden Shettys stoßen ein freudiges Wiehern aus und heften ihren Blick unverwandt auf den Pferdepfleger. Ebert beugt sich herunter, und als er den Ponys über die Nasen streicht, reibt der kleine Gescheckte den Kopf zutraulich an seinem Arm und schnaubt.
So sehnsüchtig erwartet zu werden, das muss schön sein.
Sofort wischt Jana den Gedanken weg, der sie kurz durchzuckt hat. Auf sie wartet nie jemand zu Hause. Beide Eltern arbeiten, sonst reicht das Geld nicht, sagen sie. Und wenn sie freihaben, sind sie mit sich selbst beschäftigt. Egal. Dafür kann sie machen, was sie will.
Jörg Ebert zeigt Jana, wie man das Halteband von den Ballen abstreift und das Heu zerteilt, das in feste Rippen gepresst und zusammengeschnürt ist.
»Die Shetlandponys – das sind die Kleinen vor uns – bekommen je eine Rippe. Die beiden Braunen und die Fuchsstute je drei Rippen. Kontrolliere, ob alle das Heu vom Abendessen gefressen haben. Wenn nicht, sagst du mir Bescheid. Oder dem Chef. Dann sind die Pferde vielleicht krank. Noch etwas: Gib ihnen nie etwas anderes als das spezielle Pferdefutter. Klar?«
Jana ächzt etwas Unverständliches. Ihr steht nicht der Sinn nach Unterhaltung. Sie müht sich ab, die straff gespannten Bänder von den Ballen zu zerren. Solche Arbeit ist sie nicht gewohnt, sie greift ein wenig unbeholfen unter die Schnur. Prompt bricht einer ihrer sorgfältig modellierten Kunstnägel ab.
»So ein Mist«, schimpft sie laut und schaut sich den zacki-

gen Nagelrest an. »Bis ich den neu modelliert habe, das dauert eine halbe Stunde. Und teuer ist es auch.«
»Du kannst ja sprechen!«, grinst Jörg Ebert. Nach einem flüchtigen Blick auf Janas Hände schüttelt er den Kopf. »Mit deinen künstlichen Nägeln kannst du hier im Pferdestall ohnehin nichts werden. Verabschiede dich lieber gleich von ihnen.«
Was fällt dem Schwabbelsack denn ein? Ein grauer Pferdepfleger will ihr Bekleidungsvorschriften machen? Sofort ist Jana wieder auf achtzig. »Das geht Sie ja wohl nichts an«, faucht sie.
Auf einmal hört sie hinter sich eine andere Stimme. Eine, die sie von gestern kennt.
»Vorsichtig, Mädchen. Du vergreifst dich im Ton.«
Wie herbeigehext steht Max Wiegand da. Vor lauter Ärger macht Janas Herz einen wütenden Sprung. Mit einer schroffen Drehung wendet sie sich wieder dem Heuballen zu. Den Hengst wird sie einfach wie Luft behandeln. Doch der gibt keine Ruhe.
»Sieh mich an, wenn ich mit dir spreche.«
Kühl schaut Jana zu Max Wiegand hoch, ohne ihn wirklich anzublicken. Jana hat den Dreh heraus, einen Menschen anzugucken, ohne seinem Blick standhalten zu müssen. Sie kann mitten durch jemand hindurchsehen. Damit hält Jana sich Leute vom Leibe. Das hat auch funktioniert, als der Bulle sie letztes Silvester festnahm, auf frischer Tat, nachdem sie einen Autoscheinwerfer eingetreten hatte. Ganz cool ist sie geblieben, hat einfach durch ihn durchgesehen und durch seine Dienstmütze.

So wie jetzt durch den Hengst.
Unbeweglich hört sie sich seine Ermahnungen an.

Irgendwie reißt Jana den ersten Arbeitstag ab.
Genervt kommt sie mittags nach Hause. Mit ihren Eltern lebt sie in einem zweistöckigen Mietshaus in einer unscheinbaren kleinen Gemeinde auf dem Land. Wie immer riecht es in dem blank geputzten Treppenhaus schwach sauer nach Essigreiniger.
Auf Zehenspitzen steigt Jana in den ersten Stock. Hauptsache, Frau Emmerich kriegt sie nicht zu fassen, die immerzu im Erdgeschoss hinterm Türspion lauert und jeden ausquetscht, den sie auf der Treppe erwischt. Wenn die Emmerich ahnt, dass sie auf Sozialstunden ist, weiß es gleich das ganze Dorf.
Die Wohnung ist sehr still und warm. Ihre Mutter hat mal wieder vergessen, die Jalousetten herunterzulassen. Pralle Hitze schlägt Jana entgegen.
Sie geht durch die tote Wohnung und lässt die Verdunklung herunter. Aus den Regalen der Schrankwand schimmern ihr Hunderte von kleinen Nilpferden entgegen. Diese albernen Plastikfiguren sammelt ihre Mutter mit Leidenschaft. Wahrscheinlich deshalb, damit sie jeden Tag genug zum Abstauben hat. Die putzt ja sogar das Kabel vom Toaster und die Steckdosen von innen.
Niemand da. Wie immer.
Ihre Mutter steckt noch im Büro. Janas Vater kommt erst Freitag nach Hause. Die ganze Woche ist er unterwegs, auf Montage-Arbeit. Schon seit Jahren geht das so. Baut

überall in Deutschland Fenster ein und schläft in Stahl-Containern auf Baustellen.
Sie ist oft allein. Und wenn schon! Sie braucht keinen. Vor allem keine Familie. Ihre Clique zählt, sonst nichts.
Im Vorbeigehen drückt Jana auf die Fernbedienung, zappt kurz durch die TV-Programme und bleibt bei einem Kanal hängen, in dem sie waghalsige Stunts und Mutproben zeigen. Sie sieht kurz hin. Kalifornien. In einem Pool plantschen ein paar halb nackte Typen mit Krokodilen. Wahnsinn. Wer mit Krokodilen schwimmt, hat es geschafft.
Jana wirft die Fernbedienung auf den Tisch. Hier gibt es keine Krokodile. Hier kann man es nicht schaffen. Hier liegen alle im Koma. Die Glotze erinnert einen brutal daran, wo die echte Action ist. Nämlich da, wo man selber gerade nicht ist.
Aber immerhin vertreiben die irren Schwimmer die Leere aus der Wohnung. Der Fernseher läuft immerzu bei Jana und der Computer auch. Bringt Leben ins Haus.
In ihrem kleinen Zimmer, in dem Jana alle Wände, Fensterrahmen und die Tür pechschwarz gestrichen hat, befreit sie sich von den staubigen Stallsachen, wirft sie auf den Boden und zerrt eine andere schwarze Hose aus dem Kleiderschrank. Auf den Bügeln hängen nur dunkle Sachen. In der Clique heißt Jana »schwarze Mamba«. Sie mag den Namen. Klingt giftig und gefährlich. Respekt einflößend.
Vor dem Wandspiegel zupft sie Heu aus ihren schwarz gefärbten Haaren, sprüht die schulterlangen Fransen

mit Haarlack wieder in Form und zieht den Lidstrich neu.
Dann greift sie zum Handy und tickert eine Botschaft an Gecko.

Bus-stop wie immer?

Umgehend kommt die Antwort.

Logo. Wo warst du heute? Jedenfalls nicht zu Hause.

Ärgerlich beißt Jana sich auf die Lippen. Na toll. Während sie bei den Pferden rumhing, standen also Gecko, Laser, Benz und Pixi vor ihrer Haustür. Sie zieht es vor, keine Antwort zu schicken.
Das mit den peinlichen Arbeitsstunden soll in der Crew erst mal keiner mitkriegen. So lange wie möglich nicht. Wenn sich das herumspricht, diese Demütigung mit der Sozialarbeit, steht Alina hundertpro auf der Matte. Klettet sich sofort an ihre Leute. Und sie, Jana, macht den Loser.
Jana durchsucht den Kühlschrank nach Essbarem, bevor sie losgeht, um sich mit Gecko und den anderen im Wartehäuschen an der Bushaltestelle zu treffen, ein Stück die Landstraße hinunter, wo sie gern abhängen und die Langeweile wegreden und sich zu coolen Spielchen verabreden.
Als Jana die Tür hinter sich zuzieht, ein Stück kalte Pizza in der Hand, schärft sie sich selber noch einmal ein, nicht aus Versehen über den Pferdehof zu reden.
Dass sie geschnappt wurde und vor Gericht musste, ist

Niederlage genug. Das haben Janas Freunde ihr gleich nach der Festnahme zu verstehen gegeben. Wenn auch halb im Spaß. So wenig wie möglich über den ganzen Mist reden. Die Sozialstunden an sich sind schon schlimm genug, aber dass sie mit Pferden arbeiten muss, verschärft die Sache noch. Dadurch wird sie komplett zur Lachnummer.

Am nächsten Morgen steht Jana zwar früh auf, aber sobald ihre Mutter los ist zum Büro, kriecht sie wieder ins Bett. Sollen die auf dem Pferdehof ruhig einen Tag ohne sie auskommen. Vorher tickert sie eine SMS an Gecko, damit er weiß, sie ist zu Hause.

Falls ihr heute irgendwas plant, sagt Bescheid. Bin die ganze Zeit zu Hause. Mamba.

Gegen neun steht Jana wieder auf, legt sich auf den Balkon und macht sich mit Klebelöser an ihrem künstlichen Fingernagel zu schaffen. Was macht es schon, dass sie sich mal einen Tag freinimmt. Wenn sie nicht auf dem Schutzhof erscheint, wird der Schwabbelsack ja wohl selber die Pferde füttern. Wahrscheinlich ist er sogar froh, dass er sich nicht mit ihr rumärgern muss.
Praktisch, dass sie keinen Aufpasser hat. Eigentlich supercool. Trotzdem . . . Jana lässt den Pinsel sinken.
Es wäre schon schön, wenn Papa öfter da wäre. Wenn er da ist, ist er kaputt wie ein Hund. Zu nichts hat er Lust. Und für mich hat er überhaupt keine Zeit mehr. Was er jetzt wohl gerade macht?

Er war mal ihr Held. Und sie sein Ein und Alles. *Mein kleiner Papa* hat sie ihn früher genannt. Obwohl Holger Schmitt ein großer Kerl ist mit gewaltigen Oberarmen. Was haben sie früher zusammen unternommen! Zu sämtlichen Musicals hat er sie gefahren. Doch dann machte sein Betrieb vor drei Jahren dicht und peng, hat sich alles verändert. Arbeitslos. Er musste sich etwas Neues suchen. Nicht leicht in dieser gottverlassenen Gegend. Nun ist er von montags bis freitags mit seiner neuen Firma auf Tour und Jana kriegt ihn kaum noch zu Gesicht.

Ihre Mutter behauptet, man muss noch froh sein, dass Papa überhaupt Arbeit hat.

»Andere Männer«, sagt sie, »hängen nur auf Hartz IV rum und machen Stress zu Hause. Oder sie müssen ganz rüber nach Holland oder runter bis Österreich und in die Schweiz.«

Als ob das noch einen Unterschied machen würde.

Weil ihr Vater immer so müde ist, ist es ihm egal, was Jana macht. Alles erlaubt er ihr. Wenn sie am Wochenende nachts mit der Clique losziehen will, muss sie nur behaupten, sie schläft bei Pixi, und er fragt nicht nach.

Praktisch ist das, keine Frage. Aber manchmal dürfte er gerne mal nachhaken. Sie könnte sich doch sonst wo rumtreiben. Richtig in gefährlichen Ecken, Bahnhofsviertel Frankfurt zum Beispiel, Drogenszene, und keiner würde es merken.

Ihre Mutter, die hat auch keinen Bock auf Diskussionen und sagt daher zu allem Ja und Amen, was Jana will. Damit sie ihre Ruhe hat.

Für die, denkt Jana und bearbeitet trotzig ihren Nagel weiter, bin ich doch nur ein Klotz am Bein. Was ich mache, interessiert die schon lange nicht mehr.
Nur Silvester, als die Polizei Jana ablieferte, haben ihre Eltern sich plötzlich furchtbar aufgeregt.

Dreimal hat das Telefon mittlerweile geklingelt. Immer der Hengst auf dem Anrufbeantworter.
»Wo steckst du, Jana? Hast du verschlafen? Bist du krank? Dann musst du dich offiziell abmelden. Die Pferde haben auf ihr Heu gewartet. Ruf mich bitte an.«
Zuletzt war er vor einer halben Stunde auf dem AB. Dann gibt er jetzt wohl Ruhe, denkt Jana.
Eventuell geht sie morgen wieder hin. Bevor der Psycho ihr auf den Pelz rückt. Dieser Oliver Fischer. Irgendetwas fällt ihr schon ein. Magen verdorben, Fieber, Fuß verknackst.
»Jana! Die Pferde warten!«
Der laute Zuruf lässt sie von der Liege hochschrecken. Jana linst durch die Stäbe der Balkonbrüstung und sofort wird ihr heiß und kalt. Unten, auf dem schmalen Fußweg, der hinterm Gartenzaun entlangführt, steht der Hengst. Mit den Händen schirmt er sich die Augen ab, um besser sehen zu können.
Die Terrassentür unter Janas Balkon wird aufgerissen. Frau Emmerich stürzt heraus und rennt auf den Mann hinterm Gartenzaun zu.
Zur Hölle! Wenn die mit dem Wiegand spricht . . .
Die Tratschkuh weiß sowieso viel zu viel von ihr, weil sie

ständig hinter der Gardine steht und glotzt. Auch damals, als Jana elfeinhalb war und ihr kleiner Papa das erste Mal für eine Woche auf Montage wegfuhr und sie geheult hat und hinter seinem Auto hergerannt ist. Da stand die Emmerich ebenfalls hinterm Fenster und hat sich das ganze Drama angesehen. Dafür hasst Jana sie bis heute.

»Kann ich Ihnen helfen?«, ruft Frau Emmerich jetzt zum Gartenweg hinüber.

Wie eine Rakete schießt Jana hoch und hängt sich über das Balkongeländer. Sie kann sich genau vorstellen, wie die hinterhältige Emmerich ihre Oberlippe kräuselt und Wiegand katzenfreundlich ausfragt.

»Ist schon gut, Frau Emmerich«, ruft sie nach unten. »Das ist mein Chef, vom Ferienjob. Ich werde abgeholt. Ich komme, Herr Wiegand.«

Fluchend springt Jana in die Klamotten. Sie sitzt in der Klemme. Wenn sie nicht will, dass die Emmerich Lunte riecht, muss sie Max Wiegand wohl oder übel folgen.

Wenn ihre Clique gleich hier auftaucht, ist sie wieder nicht da. Wie gestern. Bullshit.

4. Kapitel

Nachher habe ich etwas Besonderes für dich, Jana.« Mit dieser nebulösen Ankündigung verschwindet Max Wiegand aus der Außenbox, in die er Jana zum Fegen geschickt hat. Die Tränke soll sie auch putzen. Und den Futtertrog.

Stirnrunzelnd sieht Jana dem langen, schlaksigen Mann nach, wie er über den Hof eilt und die Stufen zu seinem Büro hochgeht.

Den dritten Tag arbeitet sie heute im Tierheim – und schon soll sie etwas Besonderes bekommen? Das kann natürlich vieles bedeuten. Ganz sicher nichts Erfreuliches. Als der Hengst sie gestern unter den Augen von Frau Emmerich von zu Hause ins Tierheim geschleift hat, war er ganz schön stinkig. Milde ausgedrückt. Da wird er sie wohl kaum damit überraschen, dass er ihr den Rest der Sozialstunden erlässt. Sind ja noch über siebzig.

Als Jana sich die gewaltige Zahl vorstellt, wird ihr richtig übel. Abzocke – was anderes fällt ihr nicht dazu ein.

Ich soll die Drecksarbeit bei den Pferden machen. For nothing.

Die Ferien sind im Eimer. Sie muss das verdrängen, sonst dreht sie durch.

Jana stützt sich auf den Besenstiel und äugt zum Futterhaus neben der Scheune hinüber, gute zwanzig Meter entfernt. An stabile Pfosten angebunden stehen dort zwei große Pferde. Die Braunen, die früher misshandelt wurden – Jana kennt nicht mal ihre Namen –, halb ver-

deckt von der offenen Tür, hinter der Besen, Forken und Schaufeln aufbewahrt werden.
Hingebungsvoll sind zwei Mädchen damit beschäftigt, die Pferde zu bürsten.
Während Jana in Zeitlupe trockene Pferdeäpfel und Strohreste zusammenkehrt, behält sie die gegenüberliegenden Gebäude im Auge.
Diese Eulen dort drüben, die hat sie gefressen. Gleich als sie vorhin hier aufgetaucht sind mit ihren öden rattigen Haaren, da hätte sie denen am liebsten eine gescheuert. Jeder von ihnen. Linda und Annalena heißen die, hat sie aufgeschnappt. Dreizehn oder vierzehn Jahre vielleicht. Beide in Reithosen. Und blauen Poloshirts mit dem fetten Logo eines Ponyhofs. Um jedem sofort klarzumachen, dass sie reiten gehen.
Verächtlich stößt Jana Luft zwischen den Lippen hervor. Typische Pferdeschnepfen. Blass. Als Jana eben in ihre Nähe musste, um den Besen zu holen, wollten die Weiber ihr sogar ein Gespräch aufdrängen.
Wie die sich gespreizt haben! Besonders diese Linda mit ihren streberhaft zusammengebundenen Haaren.
»Hilfst du jetzt auch hier?«
»Hm.«
»Wir kommen ja schon seit einem Jahr zum Putzen. Ohne Bezahlung. Also ehrenamtlich.«
»Na und?«
»Machst du denn hier einen echten Ferienjob mit Geld?«
»Geht euch das was an?«
»Was hast du denn!«

Bei der letzten Frage hat Jana ihren Geheimblick aufgesetzt und einfach durch die Dorftussis hindurchgeguckt. Schulterzuckend hat sie einen Besen von der Geräteleiste gerissen und ist zurück zum Stall getigert. Bevor die noch mehr dumme Fragen stellen konnten.
Durch die Armbeuge verfolgt Jana die Arbeit der Mädchen. Wie blöde die kichern und herumgackern. Zerreißen die sich etwa das Maul über sie?
Dieses Geschmuse mit den Pferden! Bullshit. Nie würde Jana sich dazu herablassen. Sie mag es überhaupt nicht, wenn ihr jemand zu nahe kommt. Explodiert beinahe, wenn ihre Mutter sie küssen will. Nur Gecko darf sie umarmen, mehr aber auch nicht. Denn wer nett ist, will als Gegenleistung meistens irgendeine Gefälligkeit.
Nicht mit ihr!
Die Gäule scheinen Vergnügen am Putzen und Schmusen zu haben. Heimlich späht Jana hinüber zu Linda und Annalena. Das größere Pferd mit der langen Mähne, das verdreht sogar verzückt die Augen und leckt sich die Lippen.
Jana fällt ein, was Jörg Ebert ihr vorhin gesagt hat, bevor er mit dem Hänger vom Hof fuhr.
»Du musst dich regelrecht in die Seele von Pferden hineinversetzen, um Zugang zu ihnen zu finden. Pferde leben in einer komplett anderen Welt als wir.«
»Andere Welt! Schwachsinn. Wir wohnen doch wohl alle auf demselben Planeten.«
»Schon. Aber Pferde *erleben* unsere Welt ganz anders.«
»Ja und? Ihre Sache.«

»Nein, ist es nicht. Wer mit Pferden zu tun hat, muss lernen, ihre Sprache zu verstehen. Wie eine Fremdsprache.«
»Das fehlt noch. Die sollen sich gefälligst an *uns* gewöhnen und kapieren, was wir von ihnen wollen.«
»Das können Pferde nicht. Wir Menschen müssen eine Brücke zu ihnen finden.«
Verdrossen kaut Jana auf der Unterlippe. Ziemlich dreist vom Schwabbelsack, ungefragt Bildungsmüll über sie auszukübeln. Warum soll sie sich vorstellen, was in einem leeren Pferdekopf vorgeht? Mit solchen strohdummen Schissern will sie nichts zu tun haben. Uncool.
Ist was für gestörte Püppchen wie Linda und Annalena, denkt Jana und schiebt den zusammengefegten Dreckhaufen unter einen Haselbusch, als gerade niemand guckt.
Sollen die Spinner sich doch die Backen blutig schmusen. Öde Gehirne unter sich.
Aber eins fuchst mich schon. Warum freuen die Pferde sich über den Besuch der Mädchen? Und schmusen mit ihnen herum? Was haben die, was ich nicht habe?
Nicht dass sie scharf darauf ist, eine versiffte Pferdebacke im Gesicht zu haben. Sie will nur wissen, wie die Gestörten da drüben es hingekriegt haben. Denn noch heute früh, als Jana den braunen Pferden Heu gab, waren die auf Krawall gebürstet. Der größere Wallach wollte sie sogar beißen. Hatte schon sein Maul auf ihrem Arm.
Der Schwabbelsack hat natürlich wieder so getan, als sei das alles vollkommen normal.
»Der wollte dich nicht beißen«, hat er behauptet. »Nur

beschnuppern. Pferde beriechen jeden neuen Menschen, um ihn kennenzulernen. Für ein Pferd sind die Lippen das, was für dich Hände sind.«
Der kann ihr viel erzählen.
»Annalena! Linda! Zeigt der Jana doch mal, wie man ein Pferd putzt.«
Jana fährt herum. Sie ist gerade dabei, frisches Stroh in die Box zu werfen. Hinten in der Bürotür steht Max Wiegand und zeigt auf die Tussis.
»Warum?«, ruft Jana aufsässig zurück. Darauf hat sie nun überhaupt keinen Bock. Der Hengst will doch nur wieder den Bestimmer herauskehren.
»Ohne Gegenfrage!«, gibt er zurück und ist schon wieder weg im Hausflur.
Missmutig wirft Jana den halb zerrupften Strohballen hin und schlurft zum Futterhaus. Wie sie solche Anordnungen hasst. Und die beiden Schnepfen platzen fast vor Wichtigkeit.
Linda drückt ihr einen Striegel und eine Bürste in die Hand. »Zuerst mit dem Striegel den Staub im Fell aufrauen«, sagt sie und setzt ihren eigenen Striegel auf die linke Seite des Pferdes auf. »So geht das.«
Kreisförmig fährt Linda mit dem Striegel übers Fell. Feiner Staub fliegt auf und bleibt in einem Sonnenstrahl hängen. »Nur da, wo Muskeln sind. Nicht über die Knochen striegeln.«
Jana ballt die Fäuste und stemmt sie in die Seiten.
»Also nicht Wirbelsäule oder Hüfte«, fährt Linda fort. »Beine auch nicht. Und natürlich nicht den Kopf.«

»Sehe ich behindert aus oder was?«, faucht Jana. »Ist ja wohl logisch.«

Eingeschnappt zuckt Linda die Schultern. »Was willst du hier eigentlich? Du hast doch gar keine Lust, Pferde zu putzen, das merkt man gleich.«

Ehe Jana antworten kann, sieht Annalena sie plötzlich ganz komisch an, mit zusammengekniffenen Augen.

»Du bist doch garantiert auf Sozialstunden hier«, sagt sie und wechselt bedeutungsvolle Blicke mit Linda. »Solche wie dich mussten wir hier schön öfter ertragen. Euch erkenne ich auf tausend Pferdelängen Entfernung.«

Jana erstarrt. Steht ihr etwa in Leuchtbuchstaben auf der Stirn geschrieben: auf Bewährung?

»Ihr blöden Eulen«, schreit sie, dreht sich um und rennt zum Bürohaus, in dem gerade ein Fenster geschlossen wird. Wenn der Hengst will, dass sie Pferde putzt, soll er es ihr selber zeigen.

Die Haustür ist nur angelehnt und Jana schiebt sie lautlos auf. Bereits im Flur hört sie Herrn Wiegand telefonieren und zögert, ob sie weitergehen soll. Wer weiß, wie lange der quatscht.

»Tag, Herr Fischer, hier spricht Max Wiegand vom Schutzhof.«

Fischer! Etwa *der* Fischer? Der Psycho vom Jugendamt? Sprechen die über sie?

»Es geht um Jana Schmitt«, hört sie da schon Wiegand sagen und sofort drückt Jana sich leise an den hölzernen Türrahmen, um zu lauschen. Eine einmalige Gelegenheit, zu hören, was die wirklich über sie denken. Sie versucht, aus Wiegands Antworten schlau zu werden.

»Drei Tage ist sie jetzt hier. Bitte? Ja, unwillig. Jana benimmt sich ähnlich wie die anderen, die ihre Stunden bei uns ableisten. Vorhin beim Putzen habe ich sie beobachtet. Jana kann kein normales Gespräch führen. Wird sofort aggressiv.«

Aggressiv? Sie und aggressiv? Spinnt der jetzt total? Eine bodenlose Frechheit. In Jana kocht und brodelt es. Sie hat nicht wenig Lust, in Wiegands Büro zu stürmen und seinen gehüteten Pferdekalender aus dem Fenster zu werfen. Und den Hengst gleich hinterher.

Auf dem Hof entsteht Unruhe. Durch den Türspalt sieht Jana den grünen Geländewagen des Schutzhofs mit Hänger vorfahren.

»Ich muss abbrechen«, sagt Max Wiegand. »Melde mich später noch mal.«

Nichts wie weg. Jana macht, dass sie unbemerkt nach draußen kommt, und schleicht hinter dem ausrollenden Hänger zu der leeren Außenbox.

Pferdepfleger Ebert wuchtet seinen schwammigen Körper aus dem Geländewagen und macht sich gleich an der Verladerampe des Hängers zu schaffen.

»Warte, Jörg, ich helfe.«

Max Wiegand läuft herbei und hämmert den Riegel auf. Mit wenigen Schritten ist er auf dem Hänger und bugsiert vorsichtig ein helles Pferd mit struppiger Mähne herunter, das Jörg Ebert unten in Empfang nimmt. Unsicher setzt das Tier einen Fuß vor den anderen, als könnte es

sich kaum auf den Beinen halten. Schließlich bleibt es scheu neben Ebert stehen.
Annalena und Linda lassen ihr Putzzeug fallen und kommen angelaufen.
»Oh, süß. Ist das ein Islandpferd?«, fragt Linda.
Jana lehnt sich über die halbe Tür der Außenbox und betrachtet die ausflippenden Mädchen. Die haben sie doch nicht alle! So ein Theater wegen dieses schmutzigen Struppis!
Na ja, der sieht schon bedauernswert aus, aber das muss man ja wohl nicht durch tränenerstícktes Geschrei kundtun.
Das dünne Pferd zieht den Kopf ein und drängt sich an Herrn Ebert.
Auch das noch – ein Tier mit Geschmacksverirrung. Was findet das Pferd bloß an dem fetten Typ?
»Streu die Box fertig mit Stroh ein«, ruft Herr Wiegand Jana zu, »und komm dann hierher.«
Ohne zu antworten, schnappt Jana sich den Ballen Stroh im Eingang und tritt die einzelnen Rippen mit ihren Arbeitsschuhen auseinander. Wenn sie das sperrige Zeug mit den Händen zerrupft, staubt sie nur zu. Mittags hat sie dann wieder die Haare voller Halme. Wie gestern. Fehlt nur noch, dass die Clique ihr durch das Stroh auf die Schliche mit den Sozialstunden kommt. Ihre Freunde sind ohnehin misstrauisch – gestern haben die sie ja wieder nicht zu Hause angetroffen, weil der Hengst sie zum Stall gezerrt hat.
Die Hände in die Taschen der schwarzen Jeans versenkt, geht Jana zum Hänger hinüber. Die Tussis kriegen sich

immer noch nicht ein. Von allen Seiten betatschen sie das Pferd, das teilnahmslos auf dem Hof steht. Jana versucht, besonders cool auszusehen. »Sieh mal, Jana«, sagt Max Wiegand. »Ein neuer Bewohner hier auf dem Schutzhof. Eine Stute.«

»Ich bin ja nicht blind.«

Max Wiegand geht über die Bemerkung hinweg.

»Für dieses Pferd brauchen wir eine ständige, zuverlässige Bezugsperson. Besonders für die ersten Tage. Es kommt drauf an, dass immer derselbe Mensch in der Nähe ist.«

Er macht eine Pause und sagt dann bedeutungsvoll: »Was hältst du davon, wenn du die Betreuung übernimmst, Jana? Und diesem armseligen Pferd den Glauben an die Menschen zurückgibst?«

Fast gleichzeitig stoßen Annalena und Linda einen spitzen Schrei aus. Sie tauschen enttäuschte Blicke.

»Ich?«, fragt Jana ablehnend. Bloß nichts Falsches sagen vor den kleinen Zicken. »Wieso ich? Wie alt ist das Teil da?«

»Welches Teil?«

Stumm zeigt Jana auf das knochige Pferd.

Max Wiegand reagiert gereizt. Insgeheim gratuliert sich Jana, weil sie den Hengst aus der Reserve gelockt hat.

»Gewöhn dir schnell an, hier alles richtig beim Namen zu nennen«, erwidert er heftig. »Das ist ein Pferd und kein Teil. Eine Isländer-Stute. Fenja heißt sie. *Teil* kannst du sagen, wenn du bei deinen Freunden bist, hier nicht. Ich erbitte mir Respekt, und zwar vor jedem Tier auf dem Hof.«

Jana grummelt. »Also wie alt?«
»Etwa achtzehn.«
»Ist das bei Pferden alt oder jung?«
»In Menschenjahren ungefähr sechzig Jahre.«
»Was, so alt? Kann man die noch reiten?«
»Das wissen wir noch nicht. Auf jeden Fall nicht sofort. Fenja ist ja ziemlich heruntergekommen.«
Jana verdreht die Augen. »Was macht die überhaupt hier? Hat die keinen Besitzer?«
Max Wiegand streicht der kleinen Stute über die Mähne. »Traurige Geschichte. Fenja gehört einem Ehepaar. Scheidung, beide haben neue Partner. Plötzlich ist Fenja im Weg. Ein Klotz am Bein. Stell dir vor, die Besitzerin hat sie einfach vergessen . . .«
Einfach vergessen . . . die beiden Worte berühren eine empfindliche Stelle in Jana. Sie lacht bitter auf.
Könnte mir auch passieren, dass Mama mich vergisst.
»Halb verhungert hat ein Tierfreund die Stute auf einer abgefressenen Koppel entdeckt«, fährt Wiegand fort. »Bei uns wird sie aufgepäppelt und später an zuverlässige Leute vermittelt, die sie artgerecht in einem Offenstall halten können. Das kann aber dauern.«
Seltsam berührt schielt Jana der Stute ins Gesicht. Uninteressant ist sie also geworden. Überflüssig. Irgendwas in ihr sagt Jana, dass sie etwas gemein hat mit dem Pferd. In der Schule haben sie mal über Seelenverwandtschaft gesprochen. Doch sofort verdrängt Jana den Gedanken daran. Seelenverwandtschaft mit einem Gaul – das fehlt gerade noch!

Tatsache ist, dass diese Fenja ein Loser ist. Und dass sie, Jana, sich um die Stute kümmern muss. Unwillig knurrt sie in sich hinein. Als ob der Job hier nicht schon peinlich genug wäre.

Wiegand holt einen Putzkasten aus dem Hänger, bevor er die Stute von Jörg Ebert übernimmt, der dann den Wagen im Carport abstellt.

»Du kannst Fenja gleich vorsichtig putzen, das bringt den Kreislauf in Schwung. Außerdem ist Putzen unter Pferden ein Zeichen der Zuneigung. Das wird ihr guttun.«

Wiegand fordert Jana mit einer Kopfbewegung auf, ihm und der Stute zum Stall zu folgen. Endlich ziehen Annalena und Linda zu ihren Pferden ab, nicht ohne Jana mit feindlichen Blicken zu bedenken.

Diese arroganten Kühe! Zwischen ihr und denen gibt es wirklich nichts Gemeinsames. Nur einen tiefen Graben. Da hat sie ja eher einen Draht zu Pixis Opa.

Hinter Wiegands Rücken zeigt Jana den Mädchen ihren ausgestreckten Mittelfinger.

5. Kapitel

Fenja braucht jetzt Körperkontakt«, sagt Herr Wiegand wenig später, als er das struppige Pferd vor der frisch eingestreuten Box festbindet. »Denk dran, Jana, sie hat wochenlang ganz allein auf der Weide gestanden. Sieh mal, ihre Augen.«

Ohne großes Interesse sieht Jana die Stute genauer an. Doch obwohl sie nichts mit Pferden am Hut hat, muss sie zugeben: Fenja guckt regelrecht nach innen. In sich hinein. Ihre Umgebung nimmt sie gar nicht wahr. Es scheint, als traue die Isländer-Stute nur sich selber.

Die hat ja auch erlebt, wie schnell Menschen einen loswerden wollen, wenn man im Weg ist.

»Das Auge ist der Spiegel der Seele«, sagt Max Wiegand und greift nach einer Bürste. »Du siehst, Fenja will nichts mit der Außenwelt zu tun haben. Sie kapselt sich ab, weil ihre wichtigsten Menschen sie im Stich gelassen haben. Traut erst mal keinem Zweibeiner mehr. Was Fenja braucht, ist Verlässlichkeit, damit sie sich wieder öffnet.«

Er sieht Jana über die Brillenränder streng an. »Verstehst du, was ich meine?«

Ist sie vielleicht taub?

»Hm.«

Obwohl Jana zustimmt, findet sie es in Wahrheit nicht richtig, dass sie oder jemand vom Hof sich um die Stute kümmert. Fenja hat doch einen Eigentümer!

Wenn ich die Macht hätte, würde ich diese Typen ganz schnell herbeizitieren. Und sie zwingen, sich gefälligst um ihr Pferd zu kümmern.

Wäre ja noch schöner, wenn jeder Pferdebesitzer seinen Gaul einfach einem Tierheim aufs Auge drücken könnte, wenn er keinen Bock mehr auf Tierhaltung hat. Wenn man so etwas bei Tieren einreißen lässt ... wie geht das weiter? Kann demnächst jeder seine Kinder ins Heim bringen, wenn er sie satthat?

»Auch wenn solche Sachen wie mit Fenjas Besitzer einen wütend machen«, sagt Wiegand. »Das Pferd kann nichts dafür und muss anständig versorgt werden.«

Kann der Hengst Gedanken lesen?

Notgedrungen guckt Jana ihm nun beim Putzen zu. Dann gähnt sie demonstrativ.

»Was ist denn mit der Überraschung?«, fragt sie schließlich. »Heute Morgen haben Sie doch gesagt, dass Sie etwas Besonderes für mich haben!«

Irritiert lässt der Tierheimleiter die Bürste sinken und sieht zu Jana herunter. »Bitte? Die Überraschung steht vor dir. Fenja! Die Stute, die du zum Pflegen bekommst.«

Jana fühlt, dass sie rot anläuft und gleich die Kontrolle verlieren wird. Sie kann nichts dagegen tun – jedes Mal, wenn sie jemand schwach anredet, überfällt sie ein Gefühl, als hätte sie nasse Watte im Schädel, und sie tickt aus.

»Veralbern kann ich mich selber!«, brüllt sie los.

Erschreckt macht Fenja einen Schritt zur Seite und stößt ein verstörtes Fiepen aus.

»Das ist doch keine Überraschung. Bullshit ist das.«

»Reiß dich zusammen, Mädchen. Meine Güte, kapierst du denn nicht, dass wir dir auf dem Hof die Chance bieten, etwas gutzumachen?«

»Ich muss nichts gutmachen«, sagt Jana brüsk.

»Doch, genau das musst du. Du hast gegen Gesetze verstoßen und darauf stehen Strafen. Sei bloß froh, dass du so eine schöne Aufgabe bekommst. Du kannst beweisen, dass du in der Lage bist, dich für einen anderen einzusetzen. Für Fenja. Selbstlos, ganz ohne Bezahlung, aus Mitgefühl. Mensch, Jana, andere Jugendliche in deiner Situation landen gleich in der Arrestanstalt.«

Jana hält sich die Ohren zu. Vor Zorn würde sie am liebsten mit den Füßen trampeln, aber das kann sie gerade noch unterdrücken.

Arrestanstalt. Sie will dieses Wort nicht hören. Alle haben damit gedroht. Der Psycho. Auch der Richter. Ihre Mutter sowieso. Und jetzt der Hengst. Aber wahrscheinlich ist das nur ein Taschenspielertrick, um sie zu erschrecken. Bluff. Man steckt doch keine Fünfzehnjährigen ins Gefängnis. Wegen nichts. Höchstens die krassen Fälle, die einen umgebracht haben oder so.

Trotzdem reißt Jana sich zusammen und versucht, Fenja zu putzen. Obwohl es starken Widerwillen in ihr weckt. Wegen der unverschämten Besitzer, die sich einfach davongestohlen, das Pferd verraten haben. Doch Jana schwant, dass sie Wiegand nicht weiter reizen darf. Womöglich hängt der sich sonst an den Hörer und jammert dem Psycho die Ohren voll. Wer weiß, was die dann aushecken, um sie zu schikanieren . . .

Wie das Fell staubt! Übertrieben heftig hustet Jana und dreht sich weg. Der Wiegand soll sehen, was er ihr zumutet.

»Wir kontrollieren natürlich, was du tust, du bist ja unerfahren«, unterbricht Max Wiegand ihre Gedanken, ohne auf ihre Abwehr einzugehen. »Für Fenja kommt es vor allem darauf an, dass du oft in ihrer Nähe bist. Und du musst aufpassen, dass sie regelmäßig frisst. Jörg Ebert zeigt dir, was sie haben soll. Fenja ist vollkommen ausgehungert und empfindlich. Sie darf sich natürlich nicht überfressen.« Im Weggehen schärft er ihr noch ein: »Wenn du wegen Fenja unsicher bist – immer fragen. Tu nichts auf eigene Faust. Hörst du?«

Fenja hebt nicht einmal den Kopf, als Wiegand geht.

Beherzt umfasst Jana die Kardätsche und streicht damit über das Fell der Stute. Kein bisschen schwierig, ein Pferd zu bürsten. Warum die Pferdeschnepfen in ihrer Klasse deswegen immer solches Getue machen!

Während die Borsten über Fenjas Fell gleiten, versucht Jana, den Ausdruck von Fenjas Augen zu ergründen, aber der leere Blick gibt nichts her.

Unterschwellig ärgert Jana sich. Wegen des Isländers hängt sie hier jetzt noch mehr fest. Ist noch besser kontrollierbar. Der Wiegand wird verlangen, dass sie die gesamte Zeit mit dem Pferd verbringt.

»Du klaust mir die ganzen Ferien«, sagt Jana zu der Stute, die teilnahmslos in sich hineinguckt, als ginge sie das alles nichts an. »Wenn du nicht gekommen wärst, hätte ich mich garantiert besser verdrücken können.«

Fenja reagiert in keiner Weise auf die Vorwürfe. Sie steht nur da, apathisch, gleichgültig, zeigt weder Wohlgefühl noch Abneigung. Zwei Fremde sind sie. Welten voneinander entfernt.
Erneut peilt Jana zum Futterhaus hinüber, wo Annalena und Linda an den Braunen herummachen. Wenn sie sieht, wie die mit den Pferden turteln, könnte sie die Stallwände hochgehen.
Zu gern hätte sie den Weibern vorgeführt, wie babyleicht es ist, mit einem Pferd zu schmusen. Blöd nur, dass diese stumpfe Fenja nicht mitspielt.
Sie selbst *will* natürlich gar nicht schmusen, auf keinen Fall, ihr wird richtig übel bei der Vorstellung. Aber dass dieses neue Pferd sie so wenig beachtet, das bringt Jana schon auf die Palme. Ein lausiges Gefühl ist das. Jana fühlt sich minderwertig. Ungeliebt. So ungeliebt wie die Stute neben sich.
Mit zusammengebissenen Zähnen zieht Jana die Arbeitsstunden am Mittwoch und Donnerstag durch.
Ohne besondere Anteilnahme versorgt sie die Isländer-Stute mit Heu und Möhren, sammelt Pferdeäpfel aus dem Stroh, bürstet Fenjas Fell und trägt Wasser im Eimer in die Box, weil das Pferd die Automatik-Tränke noch nicht bedienen kann.
Den Dorftussis geht Jana aus dem Weg. Lieber bleibt sie den ganzen Tag in der Box. Sie weiß genau, wenn die Pferdeschnepfen nur ein falsches Wort sagen, eckt sie mit denen an und kriegt Ärger mit Wiegand.
Vier Stunden mit Pferd findet Jana zwar stumpfsinnig,

dennoch gewöhnt sie sich zunehmend an die magere Stute an ihrer Seite. Fenja wirkt jedoch nach wie vor in sich gekehrt. Zwar lässt sie Jana neben sich werkeln, duldet Striegeln und Bürsten, scheint sich aber eigentlich nur für den Berg Heu vor ihren Hufen zu interessieren. Obwohl Jana heftig das Ende der Sozialstunden herbeisehnt, um wieder frei für ihre Clique zu sein, kann sie es nicht verhindern, dass Fenja sich in ihre Gedanken einnistet. Stärker, als ihr lieb ist. Beim Telefonieren ertappt Jana sich ein paarmal dabei, dass sie kleine Isländer mit Strubbelmähne auf Zettel zeichnet, die sie dann sofort panisch in winzige Schnipsel reißt und ins Klo wirft. Sie macht sich doch nicht lächerlich!
Im Übrigen ist Jana überzeugt, dass es Fenja gar nicht auffallen würde, wenn statt ihr, Jana, am nächsten Tag jemand anderes in ihrer Box auftauchen würde. Sie ist doch jedem egal – warum also nicht auch einem Pferd?

Aber am Ende der ersten Arbeitswoche geschieht etwas, womit Jana nicht gerechnet hat.
Als sie am Freitagmorgen ihr Rad in den Ständer schiebt, mit dem üblichen kratzenden, metallischen Laut, hebt die Isländer-Stute abrupt den Kopf über die Boxentür und sieht Jana entgegen.
Jana traut ihren Augen nicht. Rasch schaut sie sich um. Steht jemand hinter ihr? Oder ... ist wirklich *sie* mit Fenjas Blick gemeint? Läuft Ebert auf dem Hof herum? Wiegand? Nein, weit und breit ist niemand zu sehen.
Jana ist total perplex.

Diesmal führt ihr erster Weg nicht in den Schuppen, um die Arbeitsstiefel anzuziehen, sondern direkt zu den Boxen. Sie muss wissen, ob das Pferd tatsächlich sie meint.

Verstohlen schaut Jana sich unterwegs nach allen Seiten um. Möglicherweise läuft doch einer von den Pflegern auf dem Hof herum. Oder Ebert arbeitet in den Nachbarboxen. Der lacht sich doch tot, wenn er merkt, dass Jana Fenjas Interesse auf ihre eigene Person bezogen hat. Das Peinlichste, was ihr passieren könnte.

Doch Fenjas Blick ruht unverwandt auf Jana. Das Pferd dreht sich nicht um, guckt nicht nach links oder rechts, und als Jana fast die Box erreicht hat, begrüßt die Stute sie mit einem leisen kollernden Wiehern, das aus der Tiefe der Kehle kommt.

Es ist wahr! Fenja erkennt sie.

Als Jana den Riegel an der Tür beiseiteschiebt, tritt Fenja einen Schritt nach links, um Platz zu machen. Dann streckt die Stute den Kopf vor und streicht mit weichen Nüstern über Janas Hände.

Der unerwartete Vertrauensbeweis jagt Jana einen Schauer über den Rücken. Zögernd tätschelt sie Fenjas Nasenrücken. Wie weich das Fell sich anfühlt. Die Stute bewegt den Kopf, dreht den Hals ein wenig, als wollte sie mehr Streicheleinheiten haben. Sanft beben ihre Nüstern, als sie vor sich hinblubbert.

Das kann doch gar nicht sein, denkt Jana verwirrt, dass Fenja ausgerechnet auf mich wartet. Bei Max Wiegand hat sie noch nie den Kopf gehoben und gewiehert.

Nicht mal bei dem Ebert, obwohl der doch richtig ausgebildeter Pfleger ist und mit allen Pferden so gut klarkommt.
Täuscht sie sich oder sind Fenjas Augen wacher geworden? Ist da nicht sogar . . . ein Hauch Freude? Womöglich Freude darüber, sie zu sehen?
Jana kaut auf der Unterlippe. Ihr Schädel summt. Woher kommt das Glücksgefühl in ihrem Kopf? Davon, dass ein Pferd sie ansieht?
Gehöre ich auch schon zu den Gestörten? Und wenn schon! Ein warmes Gefühl der Rührung steigt in Jana auf. Wenn sie ehrlich ist, hat sie ja eigentlich gar nichts gegen Pferde. Und es ist ja wohl erlaubt, mit so einer armseligen Maus wie Fenja Mitgefühl zu haben. Darf natürlich keiner erfahren. Gefühl ist uncool.
Als sie mittags ins Bürohaus geht, um sich abzumelden, nimmt sie sich vor, Max Wiegand ganz locker von ihrem Triumph mit Fenja zu berichten. Von dem Wiehern heute früh. Jana überlegt ein paar passende Sätze und klopft.
»Das Tier erkennt mich bereits, Herr Wiegand«, will sie zu ihm sagen. Total easy. »Logisch, weil ich hier zuverlässig arbeite. Das sollten Sie mal dem Amtsgericht schreiben. Oder dem Macker vom Jugendamt. Dann können die mir einen Teil der Stunden streichen. Wegen guter Führung.«
Ha! Dem Hengst wird der Unterkiefer herunterfallen. Das hat er nicht erwartet, dass sein Sozialfall solche Fortschritte macht.

Als niemand auf ihr Klopfen antwortet, öffnet Jana vorsichtig die Tür. Niemand da. Sie kritzelt eine Nachricht auf den Notizblock, der auf Wiegands Schreibtisch liegt.

»Freitag, zwölf Uhr. Ich gehe jetzt. Bin Montag um acht Uhr wieder da. Jana Schmitt.«

Achtzehn Stunden abgehakt.

Das mit dem Wiehern erwähnt sie nicht. Ist ihr einfach zu blöd, so etwas auf einen Zettel zu schreiben. Kann man nur erzählen. Sonst wirkt es womöglich kitschig.

Jana angelt nach der Schere, um den Zettel damit zu beschweren. Sie stockt. Ihr Blick bleibt an einem handgeschriebenen Blatt Papier hängen, das neben dem Faxgerät liegt. Der Name Oliver Fischer fällt ihr ins Auge. Der Psycho! Datum von vorgestern. Jana lässt den Blick rasch zur Tür wandern. Sie ist unbeobachtet. Neugierig greift sie zum Briefbogen.

Fax an: Jugendgerichtshilfe, Büro Oliver Fischer

Lieber Herr Fischer, kurz ein paar Infos zu Jana Schmitt. Wir haben ihr ein Pferd zur Betreuung gegeben und hoffen, dass sie einen Draht zu der Stute findet und eine Beziehung zu ihr aufbauen kann. Das Mädchen hat wenig Selbstwertgefühl. Sie ist sehr abhängig von der Meinung anderer Leute. Wir wollen sie allmählich dazu bringen, Verantwortung zu übernehmen. Bisher kann Jana Enttäuschungen schlecht wegstecken. Sie erträgt es schwer, wenn sie nicht sofort Erfolge sieht. Hat überhaupt keine Frustrations-Toleranz.

Gruß Max Wiegand

Jana schnaubt, als sie das Blatt zurücklegt.
Psychokacke.
Frustrations-Toleranz . . . Der hat doch keine Ahnung.
Irgendwie ist der Tag verdorben. Bevor der Chef sie an seinem Schreibtisch überraschen kann, verlässt Jana schnell das Büro und läuft zum Fahrradständer.
Die trauen mir nicht zu, dass ich das gebacken kriege mit den Sozialstunden. Alle rechnen damit, dass ich abbreche.
Ja, Pech, sie wird das Ding durchziehen.
Mit einem energischen Ruck reißt sie ihr Fahrrad aus dem Haltebügel, so heftig, dass die Plastikschlange, die Jana um den Lenker gewunden hat, vibriert wie eine echte schwarze Mamba.

Unaufhörlich hat Jana das Fax von Herrn Wiegand im Sinn, als sie von der hügeligen Hauptstraße abbiegt, um bergabwärts in ihren Heimatort zu fahren. Jana wirft den Kopf in den Nacken und lässt das Rad rollen.
Natürlich müsste sie Wiegand eine ballern für seinen gespreizten Brief an den Psycho. Frustrations-Toleranz!
Jana stößt ein verächtliches Grunzen aus. *Wem* hat denn die neue Stute entgegengewiehert? Ihm doch wohl nicht.
Aber bei aller Wut über Wiegands Brief packt Jana noch ein ganz anderes Gefühl. Etwas wie Ungläubigkeit. Erstaunen, weil ein Wildfremder sich über sie, Jana Schmitt, den Kopf zerbricht. Sich Gedanken über ihr Seelenleben macht. Schon komisch.
Wie muss man drauf sein, um sich über mich Gedanken zu machen?

Kühler Fahrtwind fährt Jana durch die Haare und zerzaust sie.
Sie muss an Fenjas Mähne denken. Wenn der Wind sachte hindurchstreicht, gefällt ihr das unheimlich gut. Hat irgendwie was von Ebbe und Flut an der Nordsee. Wild.
Die ganze Sache mit Fenja hat sich überhaupt ziemlich gut entwickelt, muss Jana zugeben. Zuerst hat das Pferd sie ja nicht mal angeguckt. Und nun schnuppert Fenja sogar an ihr herum. Ein tierisch weiches Maul hat sie. Wie Samt. Nur blöd, dass sie das keinem erzählen kann. Die Clique würde sie für hirnamputiert halten.
Jana hat das Gefühl, ihr Gehirn ist eine Großbaustelle. Alte Wege aufgerissen oder verschüttet. Keine Schilder, die einem helfen, neue Richtungen einzuschlagen. Chaos überall.
Extrem leise, um die Emmerich nicht ans Fenster zu locken, schiebt Jana zu Hause das Fahrrad an der Eingangstür vorbei bis zum Durchgang in den Garten.
Im Entengang kriecht sie vor der Wohnungstür von Frau Emmerich hindurch, damit sie sich im toten Winkel des Spions befindet. Fehlt ihr noch, dass die Alte herausschießt und sie scheinheilig fragt: »Was macht denn dein Ferienjob bei den Pferden?«
Über Fenja und das Tierheim will Jana einfach nicht sprechen. Nicht mit Frau Emmerich und schon gar nicht mit ihrer Clique.
Die Tour durch den Hausflur ist geschafft.
Hoffentlich kann ich die Sozialstunden abreißen, ohne

dass jemand etwas mitkriegt, denkt Jana und sortiert leise die Schlüssel am Karabinerhaken.
In ihrem Zimmer wirft Jana ein neues Computerspiel in den PC und daddelt auf der Tastatur herum. Sie knallt den Ton voll nach oben, bis ihr fast die Ohren abfallen. Frau Emmerich ist ihr jetzt völlig schnuppe. Soll sie doch gegen die Decke klopfen. Oder an der Tür pochen. Sie macht einfach nicht auf. Auf dem Schirm schreien und heulen wilde Gestalten. Alles besser als diese mörderische Stille in der toten Wohnung.
Die Stille bringt sie zum Nachdenken und das will sie nicht. Irgendwie fühlt sie sich schuldbewusst gegenüber ihrer Clique. Seit Fenja ihr heute zugewiehert hat, kommt es Jana vor, als würde mit dem Pferd ein Fremder in ihre Gruppe eindringen. Ein Ruhestörer.
Am Wochenende will Jana jede Minute mit Gecko, Laser, Benz und Pixi verbringen. So tun, als sei alles beim Alten. Heute Abend geht es erst mal gemeinsam in die Disco. Wie jeden Freitagabend.

6. Kapitel

Ein paar Stunden später steht Jana vor ihrem Wandspiegel und kümmert sich um ihr Augen-Make-up. Sorgfältig trägt sie Kajal an den Lidrändern auf. Noch ein breiter schwarzer Strich in die Augenwinkel.
Wirkt unwiderstehlich. Mystisch.
Zufrieden wischt Jana sich Farbstaub von den Händen, betrachtet ihre Finger und streift sechs breite Silberringe darüber. Alle Nägel musste sie neu modellieren. Dieser idiotische Stalldienst ruiniert ihr Styling total. Macht der Wiegand sich eigentlich eine Vorstellung davon, wie viel Zeit und Mühe es kostet, dauernd abgebrochene Fingernägel zu erneuern? Aber woher denn, schickes Outfit und Beautytricks kennt der ja gar nicht von seiner unscheinbaren Gurkentruppe.
Heute Abend will Jana perfekt für die Clique aussehen. Freitag ist ihr wichtigster Abend. Nichts soll mehr an den Pferdehof erinnern.
Fenja ist in ihrem Kopf bereits ein ganzes Stück nach hinten gerückt.
Ob sie heute Nacht wieder ins *wave 09* gehen? Das ist der nächste Klub. Nichts Besonderes. Landdisco eben. Laser kennt den Türsteher ziemlich gut, der macht kein Theater wegen des Alters. Das läuft dort ganz easy, obwohl sie und Pixi erst fünfzehn sind und nur Gecko, Benz und Laser sechzehn.
Vor dem Spiegel zupft Jana ihr neues schwarzes Glitzer-

top zurecht. Sieht grandios aus, bescheinigt sie sich. Gecko wird Augen machen.
Im Flur nimmt Jana ihren Wohnungsschlüssel vom Haken. Sie ist wieder mal allein zu Hause. Ihr Vater ist noch nicht von seiner Wochentour zurück und ihre Mutter hat Kegelabend. Bevor sie abschließt, schickt Jana eine SMS an Benz.

Kommst du heute wieder an das Auto? LG Mamba

Schon ein paar Mal hat Benz nachts den Mercedes seines Alten mitgehen lassen. Der checkt nichts. Mit dem Wagen kommen sie leicht bis Kassel, dort kennen sie zwei Klubs mit problemlosem Einlass. Da geht es natürlich anders ab als in ihrer Bauerndisco. Nie ist was passiert auf der Straße und in fiese Kontrollen sind sie auch nicht geraten.
Das Handy zeigt Benz' Antwort an.

No way. Mein Alter braucht den Benz selber. CU.

Also doch ins *wave 09*. Jana angelt das schwarze Kapuzenshirt, das sie im Stall anhatte, vom Garderobenhaken. Auf dem Motorroller von Gecko ist es mit dem Top zu kalt. Er wollte sie hier abholen, aber sie hat das sofort boykottiert. Das fehlt noch, dass die Emmerich im Flur lungert und sie vor Gecko nach ihrem Ferienjob auf dem Reiterhof fragt . . .
Lieber fährt Jana das Stück bis zum üblichen Treffpunkt an der Bushaltestelle mit dem Rad und schließt es dort an. Dort hängen sie immer im Unterstand herum, bis es spät genug für die Disco ist.

Als Jana wenig später an der Haltestelle eintrifft, lehnt Benz schon an seinem schwarz-roten Roller und zieht wütend an einer Zigarette.
»Guck dir diesen Dreck an.«
Mit der Kippe in der Hand zeigt er nach oben und schnippt Asche auf den Boden.
»Na toll.«
Jana schaut auf das Dach des kleinen Unterstandes, der mit schwarzem Edding total zugekritzelt ist, und verzieht das Gesicht. Zwei Bretter sind frisch angekokelt und verbreiten beißenden, kalten Brandgeruch.
»Jemand hat versucht, unseren Treff abzufackeln«, sagt Benz grimmig und fummelt mit der freien Hand an seinem Ohr-Piercing, wie immer, wenn er sich aufregt.
Jana nickt.
»Gibt genug Leute in der Gegend, die uns unsere Treffen hier vermiesen wollen.«
»Genau. Wenn ich die verzerrten Gesichter der alten Säcke schon sehe. Voll die Panik, wenn sie uns an der Haltestelle entdecken.«
Benz wirft seinen Stummel auf die Betonsteine und kickt ihn weiter zur verlassenen Landstraße, auf der Lasers Roller heranprescht. Hinter ihm sitzt Pixi, sie lehnt sich an Lasers Rücken und schlingt ihre Arme um seinen Körper. Gecko fährt dicht dahinter. Die drei tauchen meistens zusammen auf. Wohnen nah beieinander im Nachbarort.
»Geiles Top, Mamba«, feixt Laser, als er den Helm abnimmt. Sie stoßen zur Begrüßung die Fäuste gegeneinander.

Laser schüttelt seine Haare, wellig und schulterlang sind sie, so wie die Heros in seinen Computerspielen sie tragen. Per Mausklick macht er alles kalt, was Haare hat. Dabei kann er in echt nicht mal eine tote Katze sehen, ohne das Würgen zu kriegen, wie Jana mal beobachtet hat.
Pixi kichert, als sie die verkokelten Bretter sieht. Obwohl sie fünfzehn ist, ist sie eigentlich noch ein Baby. Puppengesicht. Keine Konkurrenz. Wäre einzeln nie eine Freundin für Jana. Aber auf Pixi kann die Clique nicht verzichten. Wegen ihres Opas. Der hilft ihnen immer, wenn er kann, chauffiert sie durch die Gegend. Manchmal fährt er die ganze Crew in seinem alten VW-Bus zum Surfsee.
Eigentlich sind sie eine merkwürdige Gruppe. Alle total unterschiedlich, passen gar nicht richtig zusammen. Das Einzige, was sie verbindet, ist die Langeweile in dieser trostlosen Gegend. Und dass sie nicht weit auseinander wohnen.
Gecko tauscht den Helm gegen eine Strickmütze aus und streicht sein kinnlanges blondes Haar hinter die Ohren.
»Hi Mamba«, sagt er dann und steigt ab.
Jana freut sich, weil er sie anerkennend mustert.
»Heißes Shirt. Sehe mir das Dach mal an. Wäre unlustig, wenn der Krempel über uns zusammenbricht.«
Jana blickt schnell zum Dachfirst hinauf.
Gecko soll bloß nicht merken, wie sehr sie sich freut, ihn zu sehen. Gecko ist der Coolste. Freeclimber. Wie nichts klettert er an Häusern hoch. Gecko hat alles, was man zum Klettern braucht. Gurte, Seile, Karabinerhaken. Und

echte Kletterschuhe mit Haftsohlen, korallenrot, für hundert Euro. De luxe.
Sie sieht zu, wie Gecko seinen trainierten Körper blitzartig auf das Wartehaus hievt und oben die Bretter einzeln begutachtet.
»Das Dach hält«, ruft er herunter.
Jana ist stolz darauf, dass sie Gecko näher ist als die anderen. Sie weiß mehr von ihm als sie. Zum Beispiel, dass er rasend gern echtes Freeclimbing machen würde. Es aber zu teuer ist. Und sein Vater sagt, er hat sie wohl nicht alle, er schuftet sich doch nicht den Rücken krumm, damit sein Sohn an Betonwänden hochklettert und dafür sein sauer verdientes Geld durchbringt. Gecko soll lieber mal die Augen aufmachen, dann würde er merken, dass er im Hessischen Bergland wohnt. Die Berge hier, sagt Geckos Vater, könnte er jeden Tag rauf- und runterrennen, dann hätte er genug Herausforderung. Außerdem soll er zusehen, dass er mit der Schule fertig wird, damit er bei ihm in der Tischlerei anfangen kann.
Gecko und Tischler! Wo er doch total allergisch gegen Holzstaub ist. Gecko will was mit Mathe machen. Ingenieur oder so.
Jana kann ihren Blick nicht von dem aufgeschossenen Jungen auf dem Dachfirst wenden. Unhörbar seufzt sie. Oft malt sie sich aus, insgeheim natürlich, wie ihr Leben in fünf Jahren aussehen könnte . . . Gecko und sie . . . ein gemeinsames Zimmer. Er würde auf sie warten, wenn sie heimkommt. Und sie auf ihn. Einmal geborgen sein. Doch eher würde sie sich die Zunge abbeißen, als das zu-

zugeben. Peinlich ist es. Und piefig. Total spießig. Aber sie kommt gegen das Gefühl nicht an. Sie hätte einfach so gern jemanden, der für sie da ist. Gecko bekäme bestimmt einen Lachkrampf, wenn sie ihm ihren Traum von glücklicher Idylle gestehen würde. Gecko strotzt nur so vor Selbstbewusstsein. Kein Gedanke daran, dass er mit ihr gemeinsam träumen würde.

Mit einem Satz springt Gecko von oben in die Bushaltebucht. Er hebt Janas Rad vom Boden auf und zieht die schwarze Schlange am Lenker zurecht, die er ihr geschenkt hat, seit sie sie Mamba nennen in der Clique.

Pixi verteilt Mini-Salamis.

»Steck mir ein paar ein. Für später«, sagt Jana und zieht ihre Jackentasche auseinander. Bereitwillig stopft Pixi Folienpackungen in die Öffnung. Dann verharrt sie plötzlich und runzelt die Stirn. Schnuppert in die Luft. An Janas Jacke. Am Top. An der Kapuze.

»Wenn mich nicht alles täuscht . . . riechst du nach Pferd«, sagt sie verwundert. »Genauso stinken die Reitertussis in meiner Klasse.«

Kalter Schreck durchfährt Jana. Die blöde Jacke! Die hatte sie heute im Stall an. Wie konnte sie bloß so nachlässig sein!

»Verstehe ich nicht.«

Pixi schüttelt den Kopf. Auf einmal stellt sie sich auf die Zehen, äugt noch einmal in Janas Kapuze und zupft dann ein paar Strohhalme heraus, die sie hochhält.

»Mamba geht heimlich reiten«, kichert sie. »Das ist ja ein dicker Hammer.«

Sofort umringen die Jungs Jana – und mit einem Mal hat sie drei Gesichter überall auf ihrer Kleidung.
»Stimmt, du müffelst nach Pferd. Und nach Stall.« Laser kann sich gar nicht wieder einkriegen. »Gib schon zu, du reitest heimlich. Das ist ja die Härte.«
Jana fühlt sich wie zugenagelt. Wie kommt sie aus der Nummer wieder raus? Fieberhaft überlegt sie, aber ihr fällt einfach nichts ein. Nicht die winzigste Ausrede.
Jetzt sieht es für die anderen wahrscheinlich so aus, als würde sie sich Pferdeposter übers Bett hängen …
Zum Teufel. Sie ist doch sonst nicht um einen lockeren Spruch verlegen. Aber Pixis Entdeckung hat sie regelrecht überrumpelt. Sie muss höllisch aufpassen, dass sie jetzt nichts Verkehrtes sagt.
Andererseits – jetzt, wo die erst einmal Lunte gerochen haben, wird sie die nächsten Wochen kaum überstehen, ohne dass ihre Clique sie ständig misstrauisch beobachtet.
Es hilft nichts. Besser, ihre Leute erfahren von den Sozialstunden, als dass man sie künftig für eine Reiterschnepfe hält. Sie muss die richterliche Strafe beichten.
Mit trotzig gesenktem Kopf berichtet Jana von ihrem Prozess. Knapp, leise, spöttisch.
» . . . dann hat der Richter mir achtzig Sozialstunden aufgebrummt. Achtzig! Auf einem blöden Schutzhof für Pferde. Furchtbar.«
Fenja erwähnt sie mit keinem Wort. Obwohl Jana das undeutliche Gefühl hat, als verfolgten Fenjas Augen sie. Fragende Pferdeaugen. Erstaunt.

Warum erzählst du nichts von mir?
Aber wenn die erfahren, dass sie ein eigenes Pferd zur Betreuung hat, geht das Lästern der Clique doch erst recht los.
Wenn die sie jetzt bloß nicht ausschließen! Und dafür Alina aufnehmen. Die Kuh zieht hartnäckig ihre Kreise um Gecko. Lauert nur auf eine Gelegenheit, sich bei der Gruppe einzuklinken. Während sie selber im Tierheim Heu verteilen muss.
Verdammt, die dürfen nicht merken, wie unsicher ich mich fühle. Wer nicht selbstbewusst auftritt, fliegt raus.
Jana will das leidige Thema Pferde und Sozialstunden rasch beenden.
»Mehr gibt es dazu nicht zu erzählen«, sagt sie kurz.
Aber Lasers Neugier ist erwacht. Herausfordernd kitzelt er Jana mit einem Strohhalm am Kinn.
»Doch, bestimmt, wir wollen alles ganz genau wissen. Was gibt es denn noch für interessante Storys von dir und den Pferden?«
Brüsk schiebt Jana seine Hand weg.
»Keine, über die du dich aufregen müsstest.«
Laser bohrt weiter.
»Wo liegt er denn, dein lustiger Ponyhof?«
Als auch Benz und Gecko sie bedrängen, rückt Jana die Adresse schließlich heraus. Widerstrebend.
Hoffentlich erscheinen die nicht plötzlich auf dem Gelände. Garantiert gäbe das Riesenärger mit dem Hengst.
Bei der Vorstellung, ihre Gruppe könnte sie mit Fenja sehen, empfindet Jana sonderbares Unbehagen. Vor drei

Tagen war ihr das Schicksal der Stute selbst noch völlig gleichgültig. Aber seit das Pferd heute früh den Kopf gehoben hat, als Jana auf den Hof kam, ist sie merkwürdig berührt. Dieses unerwartete Vertrauen! Dieser kurze Moment steht ihr ständig vor Augen.

Ihre Freunde scheinen noch lange nicht durch zu sein mit dem Thema.

Gecko zieht sie auf.

»Wetten, bald hast du keine Zeit mehr für uns, Mamba! Ich sehe dein Zimmer schon vor mir – überall Poster von Gäulen an der Wand. Und im Regal lauter Pferdebücher.«

»Ja, genau wie bei den kranken Pferdemädchen aus meiner Klasse«, kommentiert Pixi kichernd.

Unwillig wirft Jana den Kopf zurück. Wie blöd dieses Sticheln ist. Und wie gemein. Schließlich hätte sie alle verpfeifen können. Dann müsste die gesamte Gruppe sich nun mit gemeinnütziger Arbeit herumschlagen. Die eingetretenen Scheinwerfer an Silvester, daran waren schließlich alle fünf beteiligt. Sie hat nicht wenig Lust, die Sache zu erwähnen.

»Hört schon auf«, sagt sie aber nur. »Ich möchte euch sehen, wenn sie euch verknackt hätten. Kann sein, ich muss in die Jugendarrestanstalt, wenn ich nicht hingehe. Meint ihr, das ist lustiger?«

Benz winkt ab. »Quatsch, damit drohen die nur. Wegen dem bisschen Scheiß sperren die dich doch nicht ein. Mensch, Jana, kein Mensch macht Sozialstunden. Nur du. Hol dir einfach ein Attest, dass du krank bist, und fertig.«

Ärgerlich stemmt Jana die Arme in die Seiten. »Und was habe ich bitte? Welche Krankheit?«
Pixi hustet demonstrativ.
»Ist doch einfach. Allergie. Gegen Pferde. Heu. Stroh. Staub. Du weißt doch wohl, was du denen vorspielen musst.«
Jana findet es unfair, dass jetzt alle so tun, als wäre es ganz einfach, den Sozialstunden zu entkommen. Die tun ja fast, als ginge sie freiwillig zu den Pferden.
»Allergie!«, schnaubt sie. »Die sind doch nicht dämlich im Tierheim. Allergien brechen doch nicht urplötzlich nach einer Woche aus.«
»Stimmt«, sagt Gecko. »Für ein Attest sind außerdem Rückenschmerzen besser. Bei Jugendlichen traut sich kein Arzt, sie bei Rücken nicht krankzuschreiben. Die haben alle Angst, dass tatsächlich was passiert, Bandscheibenvorfall oder so. Kommt nicht selten vor, bei Sportlern zum Beispiel. Wir haben einen in der Klasse, Hürdenläufer, der hat schon Bandscheibe.«
Vor Janas geistigem Auge taucht das Bild von Pferdepfleger Ebert auf, wie er sich mit verzerrtem Gesicht ins Kreuz fasst, wenn er beim Ausmisten eine schwere Forke anheben muss. Nicht schlecht, die Sache mit dem Rücken. Könnte klappen.
Jana nickt.
»Mache ich gleich am Montag«, verspricht sie und lässt sich auf die Holzbank im Bushäuschen fallen. Geben die nun endlich Ruhe?
Gecko hat noch einen Tipp auf Lager. »Lies in Medizinbüchern genau nach, wie Leute mit Hexenschuss aussehen.

Und halt dich daran. Jetzt aber Schluss mit dem Mist. Habt ihr eure Vordrucke für die Disco mit?«
Jana läuft rot an. Alles läuft quer. Ihr Formular für die Übertragung von Erziehungsaufgaben liegt zu Hause auf der Kommode im Flur. Sie hatte auf ihre Mutter gewartet, wegen der Unterschrift, aber als sie nicht kam, hat Jana die blöde Genehmigung vergessen. Mit der Vollmacht darf man länger als zwölf Uhr in der Disco bleiben. Wenn man jemanden kennt, der schon achtzehn ist und die Verantwortung übernimmt. Lasers großer Bruder macht das meistens. Ohne geht es nicht, nur beim Alter kann man mogeln.
Laser stößt Jana in die Seite und verdreht die Augen. »Vergessen, stimmt's? Du hast wohl nur noch Pferde im Kopf.«
Jana springt auf. Heute kommt aber auch alles zusammen. »Ich hole die Vollmacht schnell.«
Schon sitzt sie auf dem Rad. »Wir haben ja noch Zeit, ist erst neun. Bin gleich zurück.«
»Zieh dir was anderes an«, ruft Pixi ihr nach. »Mit deiner Pferdejacke lassen sie uns nicht rein.«
Jana ist froh, dass sie sich bewegen kann. Wie besessen tritt sie in die Pedale und strampelt sich das peinliche Gespräch aus den Gliedern.
Sie steckt in einem Zwiespalt. Vielleicht, denkt Jana, während sie über die von eintönigen Häusern begleitete Dorfstraße fegt, würde ich die Sache mit den Pferden durchziehen, wenn keiner sich einmischte. Die ganzen achtzig Stunden. Um Ruhe zu haben.
Ein bisschen auch, um zu sehen, ob ich mich vielleicht richtig

mit Fenja anfreunden könnte. Ohne Mitwisser natürlich. Ganz im Stillen.

Dieser Ausdruck in Fenjas Augen, immer wieder rückt er in Janas Bewusstsein. Als könnte das Pferd tiefer in sie hineinsehen als ein Mensch.

Ob Fenja spürt, dass ich meiner Mutter auch im Weg bin? So wie sie ihren Besitzern?

Jana ist hin- und hergerissen. Nein, unmöglich, sie darf sich auf das Pferd nicht einlassen. Sonst kann sie Gift darauf nehmen, dass ihre Gruppe sie mit Todesverachtung straft. Gecko, Laser, Benz und Pixi sind doch ihre Familie. Ihr einziger Halt. Auch wenn Gecko das ist, was ihre Mutter schlechte Gesellschaft nennt. Aber was kann er für seine lausige Familie? Dafür, dass seine Mutter mit einem neuen Lover weg ist? Und dass Geckos Vater sich eine Importbraut aus der Taiga geholt hat?

Jana biegt in ihren Gartenweg ein. Frau Emmerichs Wohnzimmerfenster schimmert bläulich. Glotze.

Jana wirft das Rad hin und läuft die Treppe hoch.

Als sie atemlos in die Wohnung stürzt, ist ihre Mutter noch nicht zu Hause. Aber im Flur steht die Reisetasche ihres Vaters, er ist also zurück. Auf der blitzenden Küchenspüle findet Jana einen Zettel mit der Schrift ihrer Mutter.

Hallo Holger! Bin heute Abend beim Kegeln. Wird spät. Kuss Martina.

Mich hat sie gar nicht erwähnt, denkt Jana bitter und knüllt das Papier zusammen. Weiß Mama überhaupt, dass ich noch hier wohne? Vielleicht vergisst sie eines Tages total, dass es mich gibt. So ähnlich wie die Besitzerin von Fenja. Verärgert fährt Jana sich übers Gesicht. Nein, sie will nicht an die Stute denken. Das Pferd geht sie nichts an. Gar nichts.

Sie schnappt sich das Formular für die Disco, das jetzt ihr Vater unterschreiben muss. Vorsichtig öffnet Jana die Tür zum Schlafzimmer und lugt durch den Spalt. In vollen Klamotten liegt er auf dem Bett und schläft. Hatte bestimmt eine harte Woche.

Leise zieht Jana die Tür zu. Nur wegen der blöden Unterschrift weckt sie ihren kleinen Papa doch nicht. In die Zeile »Unterschrift des Erziehungsberechtigten« setzt sie schwungvoll »Holger Schmitt«.

Schließlich hätte er es sowieso erlaubt.

Nun aber los.

Das Wochenende wird turbulent.

Die Clique schafft es, den Pferdehof fast ganz aus Janas Gedächtnis zu verdrängen.

Als Jana am Sonntag aufwacht, ist Fenja in ihren Gedanken bereits ganz weit weg. Weit genug, um die Sache mit dem Rücken tatsächlich anzugehen. Das Attest will Jana per Post an den Schutzhof schicken. Wiegands Gesicht, wenn er hört, dass er auf ihre Sklavendienste verzichten muss, kann sie sich gut vorstellen.

An Fenjas Gesicht denkt Jana lieber nicht.

Gleich nach dem Aufstehen durchforstet Jana das Internet, entdeckt reichlich Text über Rückenschmerzen, aber kein anständiges Bild, das ihr die Körperhaltung bei Hexenschuss zeigt.

Kurzentschlossen fährt sie mit dem Rad zur Bücherei der Kirchengemeinde.
Als sie den niedrigen Anbau betritt, sieht Jana sofort, dass sich nichts geändert hat, seit sie das letzte Mal hier ein Buch ausgeliehen hat. Mindestens vier Jahre ist das her. Die Zeit, als sie noch Kinderbücher las, scheint Jana Lichtjahre entfernt.
Es ist still und riecht etwas staubig nach Papier.
Genau wie damals gibt es am Eingang einen Holztisch mit Computer, wo die Buchausgabe registriert wird. Eine blonde Frau sitzt vor der Tastatur, höchstens dreißig.
Die Arbeit machen die Büchertanten kostenlos, erinnert sich Jana. Dafür kriegen die einmal im Jahr einen Blumenstrauß vom Pastor. Ja toll. Ganz schön blöd, seinen Sonntagmorgen für wildfremde Leseratten zu opfern.
Vier Kinder und zwei mittelalte Frauen stehen vor den Bücherwänden, alle mit seitlich abgeknickten Oberkörpern, und wählen ihre Lektüre aus.
Jana orientiert sich kurz und strebt auf das Regal mit zwei Reihen Gesundheitsbüchern zu, aus dem sie vier Bände herausnimmt. Sie schlägt die Seiten mit Rückenschmerzen auf und findet schnell, was sie sucht. Ziemlich leicht, einen Hexenschuss vorzutäuschen. In allen Einzelheiten studiert Jana die Abbildungen in den Büchern.
Forschend sieht sie sich um. Haben die keinen Spiegel zum Ausprobieren? Natürlich nicht. Nur Regale mit Büchern. Aber das spiegelnde Fenster an der Seite tut es auch.

Jana stellt sich vor die dunkle Scheibe, legt das Medizinbuch auf den Boden und zieht eine Schulter hoch. Die Umhängetasche stört, sie schiebt sie auf den Rücken, spannt die Bauchmuskeln an, macht sich schief, korrigiert die Haltung, bis sie zufrieden mit sich ist.
Im spiegelnden Fenster sieht Jana, wie sich jemand von hinten nähert. Die blonde Frau von der Ausgabe.
»Hast du dich verrenkt?«, fragt sie. »Kann ihr dir helfen?«
In aller Eile stellt Jana sich wieder normal hin.
»Nein, nein«, sagt sie hastig. »Mir ist . . . die Unterwäsche verrutscht, ich will nur das Gummi zurechtziehen.«
Mit einem Anflug von Misstrauen mustert die blonde Frau das aufgeschlagene Medizinbuch auf dem Boden, geht dann aber zu ihrem Tisch zurück. Nicht ohne sich mehrfach nach Jana umzusehen.
»Misstrauische Kuh«, murmelt Jana und stellt die Wälzer ins Regal zurück. Sie hat genug gesehen.
Als sie dem Ausgang zustrebt, fällt ihr Blick auf eine lange Reihe mit Tier-Sachbüchern.
Jana zögert. Ob auch etwas über Pferde dabei ist? Über die Sprache der Pferde? Davon faselt der Schwabbelsack dauernd. Tut so, als könnte man tatsächlich etwas verstehen. Tierschützerquatsch. Die Gäule sind doch stumm wie Fische. Wie alle Viecher. Das bisschen Ohrenzucken, Augenblinzeln und Schnauben, was soll man daraus ablesen? Und wenn schon. Sie muss sich da nicht auskennen. Wenn sie morgen das Attest hat, wird sie vielleicht nie mehr ein Pferd aus der Nähe sehen.

Andererseits – Jana sieht auf die Uhr – hat sie noch zwei Stunden Zeit, bis sie sich mit den anderen trifft. Bevor sie sich zu Hause mit ihrer Mutter anödet, kann sie ebenso gut in der Bücherei bleiben.

Jana geht zurück, checkt die Titel auf den Buchrücken und zieht einen Band über Pferdeverhalten hervor, mit dem sie sich an einen Lesetisch setzt.

Sie sucht nichts Spezielles, sondern blättert einfach durch und bleibt bei sechs Fotoseiten mit Pferdeköpfen hängen. Die Bilder zeigen die verschiedenen Gesichter, je nach Stimmung, Laune und Wohlbefinden.

Das große Pony ganz vorn, das erkennt sie sofort als entspannt. Es richtet die Ohren auf, öffnet neugierig die Augen, die Nüstern sind geweitet, die Kopfhaltung locker. Ein bisschen wie Fenja am Freitagmorgen.

Wie anders sieht das Pferd mit Drohgebärde daneben aus. Um das zu erkennen, denkt Jana verächtlich, muss man ja wohl kein Pferdeflüsterer sein. Das drohende Pferd hält den Kopf tief, legt die Ohren flach an, reißt wütend die Augen auf; man sieht sogar das Weiße darin und die Nüstern sind verkniffen.

Jana blättert um. Schmerzgesichter zeigt die nächste Fototafel. Sogar die hätte sie erkannt. »Pferd mit Kolik« steht unter der obersten Aufnahme. Über den Augen des kranken Pferdes liegen angestrengte Falten und sein zusammengepresstes Maul sieht total verkrampft aus. Furchtbar. Eigentlich ist das Ganze recht interessant. Ob sie das Buch doch ausleihen soll?

Plötzlich ist wieder die hohe Stimme von vorhin hinter

Jana. Die Frau von der Ausgabe. Freundlich, aber mit einem deutlichen Anflug von Argwohn.
»Willst du das ausleihen?«
Janas Kopf schießt hoch.
»Sehe ich aus, als ob ich Pferdebücher lese?«
»Nein, wirklich nicht.«
Brüsk schlägt Jana die Seiten zu und steht auf. Mit geringschätziger Geste stößt sie das großformatige Buch über die Tischplatte, bis es fast herunterfällt.
»Na also. Was soll die hohle Frage?«
Die junge Frau verschränkt die Arme, hustet ein wenig verlegen, dann sagt sie: »Entschuldigung, darf ich mal in deine Umhängetasche sehen?«
Wie auf Kommando hören die anderen sechs Besucher auf, in den Regalen zu suchen, und starren Jana an.
Keiner sagt etwas.
Jana bleibt die Luft weg. Plötzlich wird ihr klar: Die halten sie für eine Diebin. Alle hier drinnen. Für eine, die in der Kirchenbücherei klaut.
Jana merkt, wie ihr heiß wird. Bestimmt glüht ihr Kopf wie eine heiße Herdplatte. Zum Teufel, was fällt der Eule ein?
Wortlos reißt Jana den Klettverschluss auf und spreizt die Tasche direkt vor dem Gesicht der Blonden auseinander, bis die mit der Nase an das Innenfutter stößt.
»Danke«, sagt die junge Frau und weicht zurück. »War nur eine Frage. Tut mir leid, aber ich bin für die Bücher verantwortlich.«
Stumm und wütend drängt Jana sich an ihr vorbei und

stürmt ins Freie. Es ist ihr egal, dass gerade ein Sommerschauer herunterkommt und ihr dünnes Shirt auf der Stelle durchnässt. Sie merkt es nicht einmal.
Jana ist zutiefst verletzt. Sie ist doch keine Verbrecherin! Und sie sieht auch nicht so aus! Aber eins steht fest, denkt sie, als sie ihr Fahrrad aufschließt, Pferde bringen Unglück. Mir zumindest.
Höchste Zeit, dass sie dem Spuk im Tierheim ein Ende setzt. Und das nimmt Jana sofort am Montagmorgen in Angriff, als sie ins Nachbardorf fährt und mit gespielt verzerrtem Gesicht in das Sprechzimmer des Landarztes kriecht, dem einzigen Mediziner in dieser Gegend.
»Um sich zu schonen, nimmt der Betroffene häufig eine groteske Haltung ein« stand gestern unter dem Bild eines Mannes mit Hexenschuss, der eine Hand ins Kreuz presste und sich stark nach vorn beugte.
Genauso schief, eine Hand im Rücken, steht Jana vor dem Arzt, der ihren Namen mit einem Blick auf seinen PC abruft.
»Was hast du denn für Beschwerden, Jana?«, fragt er freundlich.
»Im Rücken. Total schrecklich. Solche stechenden Schmerzen. Die sind ganz plötzlich gekommen.«
Er nickt und tippt etwas in die Tastatur.
»Wann? In welcher Situation?«
Jana verlagert ihr Gewicht bewusst auf das linke Bein und stöhnt.
»Ich habe auf einem Ponyhof geholfen. Ich glaube, beim Ausmisten habe ich mich verhoben.«

»Sind die Schmerzen immer gleich heftig? Oder unterschiedlich? Verstärken sie sich mitunter?«

Jana ist gewappnet. Die Verfasser der Medizinbücher waren präzise Helfer.

»Wenn ich huste, tut es höllisch weh.«

Der Arzt erhebt sich und untersucht Janas Rücken.

»Hm. Nach allem, was du schilderst, müsste deine Muskulatur total verspannt sein. Ist sie aber kaum.« Er mustert Jana genauer. »Auf jeden Fall solltest du erst mal nicht schwer tragen.«

Er spricht von Wärmeanwendung, Salben und Tabletten. Erst als Jana sagt: »Ich brauche ein Attest, dass ich nichts machen darf. Also keinen Sport und nicht arbeiten«, reagiert er misstrauisch.

»Ein Attest? Wofür denn? Sind doch Ferien.«

»Für den Ponyhof«, sagt Jana schnell.

»Die wollen ein Attest von dir? Das ist aber ganz unüblich.«

Damit hat Jana nicht gerechnet. Sie gerät ins Stottern, fängt sich aber wieder. Auf keinen Fall will sie die Praxis unverrichteter Dinge verlassen.

»Die müssen dort Ersatz für mich besorgen. Für die Pflege der Pferde.«

Der Arzt guckt sie schief an und Jana versucht, arglos auszusehen. Sie schaut ihm mitten ins Gesicht, aber in Wirklichkeit wendet sie wieder ihren Trick an und sieht einfach durch den Arzt hindurch bis zu der Tafel mit Muskelgruppen, die hinter ihm an der Wand hängt.

Achselzuckend wendet sich der Arzt zum PC und druckt

Jana ein Attest aus. »Ich muss dir wohl glauben. Obwohl ich so recht nichts finden kann.«
Er seufzt, als er ihr das Blatt reicht. »Falls aber doch was ist und ich dich nicht krankschreibe, bin ich dran. Lass dir von der Helferin einen Termin zum Röntgen geben, wir müssen das genauer überprüfen.«
Jana nickt und verschwindet hastig aus der Praxis.
Draußen ballt sie die Fäuste. »Ja! Geschafft.«

7. Kapitel

Das glaubst du doch wohl selber nicht.«

Max Wiegand antwortet kurz angebunden, als Jana ihn wenig später von zu Hause anruft. Sofort ist sie auf achtzig. Was fällt dem ein, ihr zu misstrauen?

»Ein Arzt wird sich wohl kaum irren«, sagt sie schnoddrig.

»Kommt drauf an, was du ihm erzählt hast!«

»Wieso? Ich habe mich verhoben oder was. Keine Ahnung.«

»Merkwürdig. Ausgerechnet nach deinem freien Wochenende. An unserem Pferdehof kann es nicht liegen. Ich tippe eher auf den schlechten Einfluss deiner Freunde.«

Eine Frechheit, was der Hengst sich herausnimmt. Jana holt Luft.

»Jedenfalls darf ich nicht mehr arbeiten.«

Fast sieht sie Max Wiegand vor sich, wie er mit den Zähnen knirscht, weil sie ihn ausgetrickst hat mit dem Attest. Aber er scheint nicht aufzugeben.

»Schwer arbeiten musst du doch sowieso nicht bei uns. Du sollst lediglich auf Fenja achtgeben und ihr beim Fressen Gesellschaft leisten. Damit sie merkt, dass sie nicht mehr allein ist. Unsere Angestellten haben leider nicht die Zeit, stundenlang neben einem Pferd zu stehen.«

Einen Moment herrscht Schweigen, dann sagt Wiegand in einem anderen Ton: »Also, was ist, Jana? Geht es wirklich nicht? Denk dran, die kleine Stute braucht dich.«

Ob Jana will oder nicht – vor ihr taucht Fenjas Kopf auf. Dieser seltsame, nach innen gerichtete Blick. Das dünne Vertrauen, das das Pferd ihr entgegenbrachte, als es Freitag den Kopf hob und sie erkannte. Jana versucht, das Bild wegzuschieben. Auch die Vorstellung, dass Fenja wochenlang auf der abgegrasten Koppel gestanden hat, hungrig und allein, ist ihr lästig. Weckt unangenehme Gefühle. Sie *will* nicht daran denken. Schließlich haben die Besitzer die Verantwortung für die Isländer-Stute, nicht sie, Jana Schmitt! Außerdem – wozu hat sie den Ausstieg aus den Sozialstunden so perfekt vorbereitet? Mit Medizinbüchern, Arzt und allem? Um jetzt den Schwanz einzuziehen? Wie steht sie denn vor Gecko und der Clique da?
»Nein«, sagt Jana fest. »Geht nicht. Also . . . die Sache mit den Sozialstunden ist damit wohl erledigt.«
Richtig professionell, wie sie die Sache angepackt hat. Jana ist mit sich zufrieden. Ab morgen wird sie sich wieder jeden Tag mit den anderen treffen. Ohne Angst, dass sie als Weichei gilt. Oder gar ersetzt wird.
Pech, Alina.
Durchs Telefon hört sie, wie Herr Wiegand die quietschende Spange eines Aktenordners öffnet. »Das hast du dir ja fein ausgedacht«, sagt er kühl. »Aber so läuft das nicht, Jana. Ich bin verpflichtet, dem Gericht zu melden, dass du wegen Rückenschmerzen ausfällst. Die Jugendgerichtshilfe weist dir dann etwas anderes zu.«
Im Hintergrund knistert es, offenbar blättert Wiegand in Papieren. »Deine achtzig Stunden musst du auf jeden Fall

ableisten. Wie ich sehe, fehlen dir noch ungefähr sechzig Stunden.«

Mit einem Schlag ist Jana ernüchtert. Sie lässt sich auf ihren Schreibtischstuhl fallen. Was sagt der Hengst? Sie muss die Stunden vollmachen? Trotz des Attestes? Davon haben Gecko und Laser nichts gesagt.

Jana hat das Gefühl, als schlüge man ihr einen nassen Lappen ins Genick. Ihre Gedanken schießen durcheinander. Was soll sie jetzt tun? Bei dem Hexenschuss bleiben? Muss sie wohl. Der Wiegand bringt es sonst fertig, dem Gericht zu schreiben: »Jana Schmitt versucht zu betrügen.«

»Ich schicke Ihnen das Attest«, sagt Jana schließlich, »per Post und . . .«

Aber Wiegand lässt sie nicht ausreden.

»Nichts da. Du kommst persönlich vorbei. Mit deiner Mutter. Wir müssen dein Ausscheiden offiziell festhalten. Dass du der Arbeitsauflage nicht nachgekommen bist.«

»Was? Meine Mutter kann nicht so einfach kommen. Die arbeitet.«

Es hat keinen Zweck, Herr Wiegand lässt sich nicht weich klopfen. Er besteht auf dem Besuch, noch heute – und Janas Mutter reagiert ziemlich wütend, als Jana ihr diese Nachricht am Nachmittag überbringt.

»Du hast doch noch nie Rückenschmerzen gehabt«, sagt sie. »Mach mir bloß nicht noch mehr Ärger.«

Misstrauisch mustert Frau Schmitt ihre Tochter, doch Jana merkt ihre Unsicherheit. Einerseits glaubt ihre Mutter

offenbar nicht an die Rückenschmerzen. Andererseits scheint sie anzunehmen, dass Ärzte keine falschen Atteste ausstellen.
Jana strengt sich an, den Hexenschuss einwandfrei vorzutäuschen. Steif schiebt sie die Hüften vor und geht hölzern zum Auto – und beim Aussteigen vor dem Tierheim spielt sie die Kranke noch besser. Jetzt bloß keinen Fehler machen.
Neben dem Futterhaus entdeckt Jana einen Mercedes mit Hänger und ein unbekanntes Paar mit Kindern. Der Schwabbelsack watschelt ebenfalls vor der Scheune herum. Und nun tauchen auch die Gesichter von Linda und Annalena auf. Die Dorftussis treiben sich schon wieder auf dem Hof herum. Haben die nichts anderes zu tun, als Pferde zu putzen? Die striegeln denen noch das ganze Fell weg.
Heimlich schielt Jana zu Wiegands Büro. Womöglich lauert der hinterm Fenster, um sie zu beobachten. Pech für ihn. Wie sie sich gerade aus der Autotür gequält hat – da muss sich bei ihm doch vor Mitleid das Herz umdrehen. Jana bewegt sich, als hätte sie einen Stock verschluckt.
Aus einer Box dringt blubberndes Schnauben. Sofort richtet Jana ihren Blick zur anderen Seite. Sie will Fenja nicht sehen.
Das mit der verlassenen Stute hat der doch nur gemacht, um ihr ein schlechtes Gewissen einzureden. Dieselbe Tour wie der Richter und der Psycho.
Sorry, Herr Wiegand. Ihr Trick funktioniert nicht.

»Welches ist denn das Pferd, das du betreut hast?«, fragt ihre Mutter plötzlich und bleibt in Sichtweite der Boxen stehen.
»Ist doch jetzt egal«, brummt Jana. Sie will weiter ins Büro, nicht hinsehen zu den Pferden. Schon gar nicht zu Fenja.
»Wieso denn? Zeig doch mal.«
Unwillig dreht Jana den Kopf und deutet auf Fenjas Box.
»Da, die Isländer-Stute.«
Fenja steckt den Kopf über die niedrige Tür. In ihrer dichten Mähne haben sich ein paar Heuhalme verfangen. Als sie Jana sprechen hört, hebt Fenja den Kopf, scheint einen Moment in sich hineinzuhorchen – und dann bewegt sie bebend die Lippen zu einem tiefen, kollernden Wiehern.
Jana läuft rot an. Das Pferd hat sie erkannt. Keine Frage. Sie beißt sich auf die Lippen. Vor keinem ist es ihr peinlich, dass sie die Strafarbeit verweigert. Nicht vor ihrer Mutter, nicht vor Pferdepfleger Ebert und schon gar nicht vor Herrn Wiegand. Aber vor Fenja, die ja gar nichts begreift von ihrem trickreichen Spiel, vor Fenja ist es ihr peinlich.
»Fang auf, Jana.«
Jana fährt herum, als sie hinter sich etwas durch die Luft zischen hört. Automatisch greift sie nach der fliegenden Putzbürste und fängt sie mit den Händen.
Im selben Moment weiß Jana, dass sie einen Fehler gemacht hat. Mit echtem Hexenschuss hätte sie sich niemals so umdrehen können.

Als Jana aufsieht, steht Herr Wiegand ihr gegenüber. Ein widerwärtiger Test war das. Klarer Fall, er hat geworfen. Wütend drückt sie dem Tierheimleiter die Bürste in die Hand und funkelt ihn an.
Wiegand schüttelt den Kopf. »Da ist nichts mit deinem Rücken. Genau wie ich es mir gedacht habe. Gib zu, du hast gelogen.«
Jana merkt, wie ihre Mutter mühsam ihren aufsteigenden Ärger unterdrückt, als Herr Wiegand sie begrüßt. Bestimmt denkt sie an den schlechten Eindruck, den der Hengst von ihr bekommt. Das ist ihrer Mutter ja sowieso das Wichtigste, wie sie auf die Leute wirkt.
»Du bist nicht die Erste mit Sozialstunden, die das Gericht uns geschickt hat«, sagt Herr Wiegand zu Jana. Er zieht die Augenbrauen hoch. »Die meisten sind störrisch, unwillig, uneinsichtig. Versuchen sich zu drücken. Aber ich kenne alle Tricks und Schliche. Versuch es also kein zweites Mal. Und sieh mich an, wenn ich mit dir rede.«
Jana kneift die Augen zusammen und sieht durch Wiegand hindurch. Ohnmächtige Wut steigt in ihr auf. Wenn der doch endlich die Klappe hielte. Aber Herr Wiegand ist noch nicht am Ende.
»Findest du es Fenja gegenüber eigentlich nicht gemein, dich einfach aus dem Staub zu machen?«
»Nein«, schreit Jana und stampft auf.
Warum bohrt er in meiner wunden Stelle herum?
An der Scheune unterbrechen Linda und Annalena ihre Arbeit und starren herüber.

»Das ist doch nicht meine Sache? Fenjas Besitzer, *die* sind gemein! Die haben ihr Pferd einfach im Stich gelassen.«
»Stimmt, genau richtig. Die tragen die Hauptschuld. Aber was sollen wir deiner Meinung nach jetzt mit Fenja machen? Oder mit den ausgesetzten Hunden, Katzen und Kaninchen, die bei uns landen? Einfach verhungern lassen, weil keiner sie haben will? Schon mal das Wort Mitgefühl gehört?«
Janas Mutter geht unruhig hin und her, deutlich bemüht, aus ihrer Nähe zu kommen.
Max Wiegand zeigt auf ein junges Paar neben dem Hänger. Zwei Kinder hüpfen ausgelassen herum. Zusammen mit Pferdepfleger Ebert verladen sie die beiden Shettys.
»Unsere Kirmesponys werden von ihrer neuen Familie abgeholt. Die beiden dürfen künftig auf einem Bauernhof ihr Leben genießen. Nenn es Nächstenliebe. Oder Mitleid. Mitgefühl. Egal. Wenn du dich um armselige Geschöpfe kümmerst, zeigst du, dass du ein Herz hast. Und nicht nur aus seelenloser Biomasse bestehst.«
Sprücheklopfer.
Was ist sie denn in seinen Augen? Ein Einzeller, der Anstandsunterricht bekommen muss? Ausgerechnet von dem größten Klugscheißer der Welt?
Gereizt fragt Jana: »Und warum ist es so wahnsinnig wichtig, dass ich haarscharf um acht Uhr hier bin? Die Dorftussis kommen doch auch, wann sie wollen.«
»Damit du Regeln kennenlernst. Die Tussis, wie du sie nennst, sind anständige Mädchen, die noch nie mit der Polizei zu tun hatten. Linda und Annalena kommen frei-

willig. Weil sie Anteil nehmen am Schicksal der Pferde.« Wiegand zuckt die Achseln. »Du hingegen musst gezwungenermaßen deine Ferien hier verbringen, weil du Mist gebaut hast. Du sollst hier lernen, eine Sache durchzuziehen. Auf Fenja aufzupassen. Die Stute ist so lieb, die müsste es dir doch leicht machen, diese Verantwortung zu übernehmen. Willst du nicht versuchen, dich in Fenjas Seele hineinzuversetzen? Stell dir vor, wie du dich fühlen würdest, wenn du plötzlich von allen verlassen und ganz allein wärst.«

Jana dreht sich zu ihrer Mutter um.

Warum sagt die nichts? Zum Beispiel: »Allein zu sein, das kennt Jana sehr gut. Unsere Tochter fühlt sich bestimmt auch oft verlassen. Manchmal redet den ganzen Tag niemand mit ihr, außer in der Schule. Da bleiben ihr nur die Computerspiele. Oder die Glotze. Und ihre Clique.«

Aber was kommt von ihrer Mutter? Nichts. Hebt nur unangenehm berührt die Schultern. Wahrscheinlich möchte sie am liebsten Reißaus nehmen.

Plötzlich kommt Jana sich unter all den Menschen auf dem Hof sehr einsam vor. Die können sich doch gar nicht vorstellen, was das für ein Gefühl ist, so allein zu sein. Jana fühlt, wie Tränen ihre Kehle verschließen. Ihre Augen brennen. Zum Teufel, sie wird auf keinen Fall losflennen wie ein Säugling. Mit aller Kraft beißt Jana die Zähne zusammen, bis die Kiefer knacken. Sie fühlt sich von ihrer Mutter regelrecht abgeschrieben. Jana durchzuckt die Erkenntnis, wie viel Gemeinsamkeiten sie mit Fenja hat.

Wiegand redet immer weiter auf Jana ein.

»Für dich ist das eine Möglichkeit, dafür geradezustehen, dass du gegen Gesetze verstoßen hast, Jana. Man kann nur vernünftig zusammenleben, wenn jeder Rücksicht nimmt. Und bereit ist, uneigennützig zu helfen. Dir fehlt . . .«

Wiegand unterbricht sich und wendet sich ihrer Mutter zu.

»Entschuldigung, Frau Schmitt . . . aber Jana fehlt da ganz offensichtlich etwas in der Erziehung. Es scheint ihr gar nicht richtig bewusst zu sein, dass sie Mist gebaut hat. Ich kann Sie nur warnen, wenn Ihre Tochter weiter so uneinsichtig ist, landet sie noch in der Arrestanstalt.«

Bei seinem letzten Wort schlägt Janas Mutter erschreckt die Hand vor den Mund.

»Hören Sie bloß auf!«

Max Wiegand nimmt sie am Arm und deutet auf den Eingang zu seinem Büro.

»Kommen Sie doch kurz mit herein. Ohne Ihre Tochter.«

Janas Traurigkeit weicht hilfloser Wut. »Sie können mich ja adoptieren«, ruft sie hinter ihm her, »wenn Sie Mister Oberschlau sind.«

Ohne auf den bissigen Anruf zu reagieren, öffnet Max Wiegand die Haustür und lässt Frau Schmitt den Vortritt.

Mit ein paar Blicken checkt Jana die Möglichkeit, das Gespräch unterm Bürofenster zu belauschen. Über die Schulter späht sie zur Scheune. Nein, unmöglich. Ebert und die Familie mit den Ponys sind zu nah. Die Pferdeschnepfen glotzen auch dauernd zu ihr herüber.

Verdrossen vergräbt Jana die Hände in den Jackenta-

schen. Sie fühlt die folienverschweißten Mini-Salamis von Pixi darin. Hat sie beinahe vergessen, obwohl sie die scharfen Würstchen wahnsinnig gern isst.
Scheint alles darauf hinauszulaufen, dass sie die restlichen Stunden doch hier abreißen muss. Dann kann sie ebenso gut gleich zu Fenja gehen. Jana schlurft zu den Außenboxen und bleibt vor Fenjas stehen. Die Stute sieht aufmerksam zu Jana auf, während sie das Heu zu Ende kaut, das rechts und links aus den Maulwinkeln lugt. Wenigstens *ein* Lebewesen, das sie normal anschaut.
Jana lehnt sich über die Boxentür und betrachtet das fressende Pferd. Ob Fenja wohl spürt, dass sie sich auch so schrecklich verlassen fühlt?
Irgendwie fühlt Jana das Bedürfnis, Fenja eine Freude zu machen. Wegen der Sache mit den vorgetäuschten Kreuzschmerzen. Sie reißt die Folienverpackung einer Salami auf, beißt ein Stück ab und hält Fenja den Rest hin.
»Hier nimm. Lecker. Hast du mal was Anständiges.«
Fenja nimmt das Würstchen vorsichtig ins Maul und zieht die Oberlippe hoch, als wolle sie den Geschmack besser einordnen.
Auf einmal entsteht Unruhe am Pferdehänger vor der Scheune. Jana bemerkt, wie Jörg Ebert zu ihr herüberblickt. Plötzlich lässt er die Shetty-Familie stehen und schnauft in aller Eile über den Hof zu Fenjas Box.
»Was hast du Fenja gegeben?«
»Wie kommen Sie darauf . . .«

»Sag schon. Los. Wenn sie flehmt, also die Oberlippe hochzieht, dann kennt sie das Futter nicht.«
»Mini-Salami.«
Ebert grunzt etwas Unverständliches, das nicht gerade freundlich klingt, greift der Isländer-Stute beherzt ins Maul und versucht, das Würstchen zwischen den Zähnen herauszuziehen.
Fenja will es nicht hergeben, sie macht den Nacken steif und zieht den Kopf zurück. Zu lange musste sie auf Futter verzichten, als dass sie problemlos einen erbeuteten Happen wieder abgibt. Erst nach stummem, kurzem Zweikampf präsentiert Jörg Ebert Jana auf der feuchten Handfläche eine angekaute Salamistange.
»Pferde sind Vegetarier, Mädchen, die vertragen kein Fleisch.«
Er schimpft mit Jana, während er die nassen Wurstreste zum Abfalleimer trägt und hineinwirft. »Habe ich dir letzte Woche hundertmal gepredigt. Du darfst ihr nur das Futter von uns geben. Nichts auf eigene Faust.«
»Pah. Das bisschen Wurst bei so einem großen Pferd! Sie wollen mich doch nur fertigmachen.«
Jörg Ebert seufzt.
»Pferde sind sehr empfindlich, was das Futter angeht. Sie bekommen schnell Koliken. Daran können sie sogar sterben. Ich wünsche dir nicht, dass du mal ein Pferd mit schwerer Kolik erleben musst. Ein furchtbarer Anblick. Also, halt dich an unsere Vorschriften, Jana. Oder such dir was anderes für deine Sozialstunden.«
Er macht eine Bewegung mit dem Kopf. »Solange ich dich

nicht im Auge behalten kann, bleibst du weg von Fenja. Mensch, Mädchen.«

Ziellos streunt Jana im Tierheim herum und geht schließlich ins Hundehaus.

Sie ist überrascht, was hier los ist. Besucher geben sich die Klinke in die Hand. Ein paar einzelne Frauen gehen im Gang auf und ab, ziehen ihre Lesebrillen hervor und studieren die Beschreibungen an den Türen.

Bestimmt suchen die sich einen Hund für zu Hause aus. Bescheuert – die Viecher hier haben doch alle schon einiges auf dem Buckel. Die leben höchstens noch vier oder fünf Jahre – man hängt sich voll rein in die Hundeliebe und peng, steht man vor der Leiche. Ja, schön blöd.

Zwei Jungs, so alt wie sie, holen Hirtenhunde zum Gassigehen ab und werfen Jana neugierige Blicke zu. Offenbar kennen die Hunde die Jungs schon länger, denn sie lassen sich schwanzwedelnd an die Leinen nehmen.

Kaum sind sie nach draußen verschwunden, betreten zwei junge Frauen mit Putzsachen die Boxen. Frau Hartmann und Frau Korn, die Hundebetreuerinnen.

Eilig verschwindet Jana hinter einem Mauervorsprung. Gelegentlich trifft sie die beiden im Futterhaus. Sind nicht ihr Geschmack. Wichtigtuer. Die Frauen beginnen damit, Fußboden, Fliesen und Liegebretter abzuschrubben. Während sie unentwegt plappern, füllen sie die Wasserschüsseln neu und wechseln verschmutzte Decken aus.

Was die für einen Aufstand um jeden Hund machen!

So viel Mühe hat sich schon lange keiner mehr für mich gemacht.

Hier fühlt Jana sich noch mehr fehl am Platz als bei den Pferden.

Sie sucht den Ausgang zum Stalltrakt und kommt gerade dazu, als der Hänger mit den Shettys vom Hof gefahren wird. Der dicke Ebert winkt hinterher, dann dreht er sich abrupt um und wischt sich verstohlen übers Gesicht.

Wie bitte? Jana fasst Ebert genauer ins Auge. Der heult doch nicht etwa, weil die Shettys weg sind? Kann doch froh sein! Hat er weniger Arbeit. Unmöglich, dass ein Mann in seinem Alter an solchen kleinen Zauselponys hängt.

Eng an die Seitenwand gedrückt rückt Jana bis zum Futterhaus vor. Gleich um die Ecke müssten die Dorftussis stehen, falls sie Pferde putzen. Jede Wette, die sprechen über sie. Kann sein, dass sie spannende Gesprächsfetzen aufschnappt.

Jana zieht schnell den Kopf zurück, als sie die Schweife der braunen Pferde entspannt pendeln sieht. Auf der Erde stehen zwei aufgeklappte blaue Putzboxen. Da können Annalena und Linda nicht weit sein.

Jana lauscht. Erst hört sie nur, wie Striegel auf Pflastersteinen ausgeschlagen werden. Ab und zu schnauben die Pferde. Dann unterhalten sich Linda und Annalena endlich. Über Fenja. Ob sie schon zugenommen hat.

Verächtlich bläst Jana ihre Ponysträhnen aus der Stirn. Das sind Themen, die die Welt bewegen . . . wie viel Kilo eine einzelne Stute auf die Waage bringt. Ist ja kein Wunder, dass die Schnepfen nichts in der Birne haben – die kriegen zu wenig Luft ans Gehirn, weil sie dauernd Reitkappen tragen.

»Ich würde Fenja so gern pflegen und putzen. Und füttern«, hört sie Linda sagen. »Dafür würde ich sogar meine Reitstunden ausfallen lassen.«

Jana richtet sich irritiert auf.

Bin ich im falschen Film? Linda beneidet mich um Fenja? Darum, dass ich den blöden Job mache?

Linda stößt jetzt einen tiefen Seufzer aus. »Aber Herr Wiegand gibt Fenja lieber dieser Kuh mit den Sozialstunden. Diese Jana hat doch keine Ahnung. Und die will auch überhaupt nichts lernen.«

Mit einer Hand greift Jana nach dem Regenrohr neben sich, presst ihre Finger um das Metall, bis die Gelenke knacken.

Was fällt euch ein, so von mir zu reden . . .

Jetzt mischt sich Annalena ein.

»Mein Vater sagt, diese komischen Sozialstunden für kriminelle Jugendliche . . . in Tierheimen oder so . . . das macht der Staat nur, weil kein Geld für genügend Gefängnisse da ist. Damit das Gericht diesen Typen überhaupt eine Strafe verpassen kann. Als ob es eine Strafe ist, ein Pferd zu putzen! Eigentlich müssten die alle eingebuchtet werden, sagt mein Vater. Die sind doch richtig kriminell.«

Jana wird starr vor Entsetzen. Annalenas Pfeile schmerzen wie echte Geschosse. Jana umklammert das Regenrohr, als wollte sie es zerdrücken. Sie ist doch nicht kri-

minell! Das Gefühl der Verletzung wandelt sich in Wut und schwillt in ihr an.
Diese Annalena, die soll mal aufpassen, dass ich ihr keine ballere! Überhaupt sollen die Pfeifen sich bloß in Acht nehmen vor mir.
Durchatmen. Bis zehn zählen.
Jana steckt beide Hände tief in die Hosentaschen. Das hält sie einen Moment länger davon ab, um die Ecke zu schießen und Annalena eine zu kleben. Hat wenig Sinn, jetzt Amok zu laufen. Gerade jetzt, wo ohnehin alles auf der Kippe steht. Jana denkt daran, was der Hengst letzte Woche über sie geäußert hat. Dem Psycho gegenüber.
»Jana ist nicht in der Lage, Konflikten sachlich zu begegnen.«
Ja, wie denn auch? Wenn jemand so etwas über einen sagt – dass man kriminell ist und in den Knast gehört, wie soll man da sachlich bleiben?
Bevor Jana Rachepläne schmieden kann, sieht sie ihre Mutter aus dem Büro kommen. Sofort verlässt Jana ihren Horchposten und rennt um das Futterhaus herum auf den Hof. Ehe ihre Mutter anfängt, nach ihr zu suchen und die Tussis aufmerksam werden.
»Da bist du ja.«
Ungehalten zieht sie Jana zum Auto. Wie peinlich! Jana zerrt ihren Arm zurück. Bestimmt halten Annalena und Linda sich den Bauch vor Lachen, wenn sie sie beobachten. Cooles Auftreten sieht anders aus.
»Was soll das, Mama?«
Jana versucht weiter, sich dem Griff zu entziehen, aber

ihre Mutter lässt nicht locker, schiebt sie zum Wagen und fährt ohne weitere Erklärungen los.
Jana ist außer sich vor Zorn. Zuerst die Pferdeschnepfen. Und nun zickt auch noch ihre Mutter herum. Bestimmt hat Wiegand ihr einen Floh ins Ohr gesetzt. Er muss ihr irgendetwas erzählt haben, was sie derartig in Rage versetzt hat.
Über den kurvenreichen Feldweg holpern sie zur Hauptstraße, wortlos, erst als ihre Mutter nach links statt nach rechts abbiegt, kann Jana sich nicht verkneifen zu fragen: »Wo willst du hin? Hier geht es doch zur Autobahn!«
»Ist genau richtig«, kommt es knapp vom Fahrersitz.
Jana schwant, was Wiegand von ihrer Mutter gewollt hat. Wahrscheinlich läuft es darauf hinaus, dass sie ihre Sozialstunden woanders fortführen soll. Vermutlich karrt ihre Mutter sie nun zu einer Ersatz-Anlage, wo sie die restlichen Stunden abarbeiten muss. Auch gut. Dann braucht sie wenigstens die Dorftussis nicht mehr zu sehen.
Aber im Stillen wütet Jana auf dem Beifahrersitz vor sich hin. Wie scheinheilig der Hengst ist! Erst erzählt er, die Stute braucht immer dieselbe Vertrauensperson – und kaum erkennt Fenja sie, soll sie woandershin. Verlogener Heuchler.
Und was wird Fenja denken, wenn ich nicht mehr komme?
Jana betrachtet die Hinweisschilder an der Straße. Der kleine Wagen schnurrt die Autobahnauffahrt hinauf. Frankfurt steht auf dem blauen Schild.
Frankfurt! Wie soll sie da jeden Tag hinkommen?
Jana würde ihre Mutter gern fragen, wie sie sich das vor-

stellt. Aber weil die nichts sagt, nur mit zusammengepressten Lippen über das Lenkrad auf die Autobahn starrt, schweigt auch sie eisern.
Janas Handy piept und sie zieht es hervor. Wenigstens mal eine Abwechslung. SMS von Gecko. Super.

Hi Mamba, hast du die Sozialstunden bei deinen Gäulen geknickt?

Frustriert stößt Jana Luft durch die Lippen. Das ist jetzt genau der falsche Text! Solche Fragen kann sie im Moment wirklich nicht gebrauchen. Vor der Clique ist knallhartes Schweigen angesagt. Zumindest die nächsten Tage darf sie auf keinen Fall über die Pleite mit den Rückenschmerzen sprechen. Bis die Sache für ihre Leute uninteressant geworden ist.
Jana simst an Gecko zurück.

Sicher. Die sehen mich so schnell nicht wieder. Dein Tipp war cool. Hab Attest besorgt. Bin froh, dass ich die blöden Zossen nicht mehr sehen muss. Morgen alte Uhrzeit, alte Stelle. LG Mamba.

In der folgenden Stunde herrscht im Wagen frostiges Schweigen. Eher würde Jana sich die Zunge abbeißen, als nach dem Ziel zu fragen.
Sie fahren dann doch nicht ganz bis Frankfurt; ihre Mutter verlässt die Autobahn ein ganzes Stück vorher.
Hinter der Ausfahrt hält sie an, immer noch ohne mit ihr zu reden, guckt auf einen vollgekritzelten Zettel und fährt anschließend weiter.

Nach kurzer Kurverei stellt sie den Wagen am Straßenrand ab und fordert Jana auf, auszusteigen.
»Komm mit.«
Was wird jetzt das?
Jana fühlt sich ausgesprochen unbehaglich und zieht die Schultern hoch. Sie gehen eine kleine Weile geradeaus, bis ihre Mutter vor einem tristen Gebäude stehen bleibt, das sich lang und abweisend an der Straße aufbaut.
Und dann erkennt Jana, wo sie ist.
Sie hat das Gefühl, als würde ihr Brustkorb zusammengedrückt.
Ein Gefängnis.
Beklommen wandert ihr Blick an den grauen Mauern entlang. Drei eintönige Reihen vergitterter Fenster. Direkt vor ihr riegelt ein hoher, unüberwindbarer Zaun das Gelände ab. Mit Stacheldrahtrollen.
Jana wird immer kleiner. Da fällt ihr Blick auf ein Schild. Obwohl ihr klar war, dass dies ein Gefängnis ist, zuckt sie regelrecht zusammen, als sie die Aufschrift an der Mauer liest.
JUSTIZVOLLZUGSANSTALT
Darunter: VOLLZUG VON JUGENDARREST.
Wie verrückt fängt Janas Herz an zu pochen. Ihr Magen verwandelt sich in einen steinharten Klumpen. Gehört hat sie schon mal von dieser Jugendarrestanstalt. Aber immer nur unbestimmt. War immer nur so eine vage Bedrohung. Weit weg. Doch direkt vor den wuchtigen Mauern zu stehen und festzustellen, dass der Knast real existiert – das ist schon zwei Stufen härter.

Auf einmal hat sie das Gefühl, als drückten Bleigewichte und Steine ihre Schultern herunter.
»Wenn du die Arbeitsstunden nicht ordentlich durchziehst«, sagt ihre Mutter, ohne sie anzusehen, »stecken sie dich hie rein. Genau in diese Arrestanstalt. Und glaub bloß nicht, dass das ein Freizeitpark ist. Da wirst du abends eingeschlossen, sagt Herr Wiegand. Einzelzelle. Dreiundzwanzig Stunden allein. Kein Fernsehen, kein Computer, kein Handy, keine Besuche. Kein Kontakt zur Außenwelt.«
»Mama«, will Jana sagen, aber ihre Kehle ist vollkommen trocken, wie mit Pappe ausgelegt, und sie kriegt kein Wort heraus, starrt nur entsetzt auf das Gefängnis.
»Du kannst dir hoffentlich vorstellen, was passiert, wenn Frau Emmerich erfährt, dass unsere Tochter im Knast sitzt. Das fällt alles auf uns zurück. Die Emmerich rennt doch sofort los und posaunt das überall herum. Was glaubst du, was das für ein Getuschel und Gegaffe gibt. Dann können wir gleich die Koffer packen und wegziehen.«
Natürlich, die anderen Leute. Klar, dass das alles ist, was Mama interessiert.
Schmerz und Wut und ohnmächtiger Zorn überfluten Jana wie eine Woge. Wie sie ihre Mutter verabscheut! Es geht ihr überhaupt nicht um sie, Jana. Es ist ihr egal, was aus ihr wird. Selten kam sich Jana so verlassen vor wie jetzt, neben ihrer kalten Mutter, im Anblick der furchtbaren Justizvollzugsanstalt.
Ob sich Fenja auch so einsam fühlt?
Immerzu muss Jana das graue Gebäude ansehen. Kann

sich nicht abwenden. Als müsste sie sich das Bild ins Gehirn einbrennen. Die Gitter. Den Zaun. Den Stacheldraht. Nie wird sie das vergessen. Nicht mal Gecko würde den Zaun packen.

»Hast du das begriffen?«, fragt ihre Mutter. »Im Übrigen darfst du morgen im Tierheim weitermachen. Bei dem Pferd. Diesem Isländer. Herr Wiegand war so großzügig, über die Sache mit deiner angeblichen Krankheit hinwegzusehen.«

Jana nickt nur.

»Also, nimm dich zusammen, Jana.«

Jana senkt den Kopf, als ihre Mutter sie bei den Schultern fasst und rüttelt. Wenn sie doch endlich still wäre.

»Meine Güte, jetzt tu mal nicht so, als hättest du es so schwer. Du bist im schönsten Alter. Fünfzehn . . . was glaubst du, was ich dafür gäbe, noch einmal fünfzehn zu sein? Du bist doch zu beneiden.«

Bullshit.

Was redet ihre Mutter da für einen Müll?

Fünfzehn ist gar nichts. Wie Jana ihr Alter hasst! Man ist nichts. Die Erwachsenen nehmen einen nicht für voll, aber ein Kind ist man trotzdem schon lange nicht mehr. Hängt so dazwischen. Nichts darf man so richtig. Aber soll für alles verantwortlich sein. Alle Erwachsenen scheinen genau zu wissen, wo es langgeht. Ständig reden sie von Verantwortung und solchem Schrott. Haben immer recht. Sie, Jana Schmitt, ist offenbar die Einzige auf der Welt, die nicht richtig begreift, was genau die Leute mit ihren klugen Bemerkungen meinen.

Schockiert steht sie auf dem Gehsteig, der direkt in den Knast führt. Mit steifem Nacken betrachtet Jana die staubigen Betonplatten zu ihren Füßen. Starrt auf eine Gruppe Ameisen in den Fugen. Nicht hochsehen. Sonst fällt ihr nur erneut das Schild »Justizvollzugsanstalt« ins Auge.

Wenn sie doch erst achtzehn wäre! Achtzehn zu sein, das bringt es. Dann kann sie tun, was sie will. Wegziehen. Und keiner da, der ihr etwas vorschreibt. Aber fünfzehn ist nichts. Mit fünfzehn braucht man eine Clique. Ohne geht gar nichts.

Tja, ihre Clique . . . Das Thema wird auch immer komplizierter.

Gecko, Laser, Benz und Pixi glauben, sie hätte auf dem Pferdehof aufgehört. Die können sich nicht vorstellen, wie kompliziert Schwänzen ist. Auf keinen Fall dürfen die merken, dass sie doch wieder zum Hof fährt. Für jeden einzelnen Vormittag muss sie sich also demnächst eine Ausrede einfallen lassen. Ein ständiger Eiertanz wird das. Aber es muss sein. Sie braucht ihre Clique. Sonst ist sie so gut wie tot. Eine Null.

Und genau genommen, wenn Jana tief in sich hineinhorcht, wenn sie alles wegräumt, was sich in ihrer Seele an Verzweiflung, Frust, Einsamkeit aufgetürmt hat, dann muss sie sich eingestehen, dass sie noch etwas anderes braucht. Dass sie gar nicht aufhören *will* bei Fenja. Heute Nachmittag wäre sie vor Scham fast im Boden versunken, als das Pferd sie so erwartungsvoll begrüßt hat. Wie schäbig von ihr, das gerade erwachte Vertrau-

en zu enttäuschen. Ein Glück nur, dass Fenja nichts davon ahnt.
Wie soll ich das schaffen, vor meinen Leuten gut dazustehen und gleichzeitig die Sozialstunden bei Fenja durchzuziehen?
Angst steigt in ihr auf, ob sie das alles packt.

8. Kapitel

Noch Tage später sitzt Jana der Schock über den Besuch bei der Arrestanstalt in den Knochen. Die Erinnerung steckt so tief, dass sie ihren Wecker jeden Abend früher als sonst stellt und überpünktlich zum Pferdehof fährt.

Jana ist fest entschlossen, die Strafarbeit durchzuziehen.

Damit ich nicht ins Gefängnis muss.

Und irgendwie auch wegen Fenja.

Mit Jörg Ebert kommt sie inzwischen leidlich klar. Er ist gutmütig und umgänglicher als Wiegand.

Als Jana am Montagmorgen früh im Tierheim ankommt, eine Woche nach dem Erlebnis mit der Arrestanstalt, steht der dicke Ebert bereits vor dem Giebel des Futterhauses auf einem Traktor-Anhänger und versucht, Heuballen durch die Dachluke zu befördern. Mühsam wuchtet er eckige Ballen mit einer langen Heugabel hoch, aber weil die Klappe schmal und eng ist, fällt mitunter ein Ballen zurück.

Als er Jana sieht, winkt Ebert sie zu sich herüber. Sie geht schnell bei Fenja vorbei, die ihr erwartungsvoll entgegensieht, streicht ihr kurz über die Nase und läuft zum Futterhaus.

Der Schwabbelsack sieht schon ganz schön fertig aus, obwohl es gerade erst sieben ist. Wahrscheinlich die Hitze.

»Steig bitte auf den Dachboden. Die Treppe geht im Fut-

terhaus hoch«, ruft er Jana vom Anhänger zu. »Wenn du die Ballen oben annimmst, geht es schneller. Winterfutter für die Pferde.«
Ehe Jana über eine Ausrede nachdenken kann, nimmt ihr eine lange, vergitterte Fensterfront vor dem inneren Auge die Entscheidung ab.
»Mach ich.«
Einen Moment später steht Jana auf dem Speicher, der brütend warm die Hitze hält, und geht vorsichtig auf die offene Luke zu. Unter ihr knarren die alten Holzdielen. Links türmen sich Heuballen, mindestens zwanzig müssen es sein. Jana atmet den warmen Duft nach Sommer, Sonne und Wiese tief ein. Wie gut das riecht. Irgendwie gefällt ihr die Vorstellung, für Fenja Wintervorrat einzulagern. Nie wieder soll sie hungern.
Vom Rand der Luke späht Jana auf den Hänger herunter. Ganz schön tief. Sie kniet an der Kante nieder und greift nach dem aufgespießten Ballen, den Ebert ihr entgegenhält.
»Ein Bekannter von mir klettert an solchen Wänden hoch«, sagt Jana stolz. »Der macht Freeclimbing . . . falls Sie wissen, was das ist.«
Ebert lässt die Forke sinken und lacht in sich hinein.
»Freeclimbing . . . daran hätte ich auch Spaß. Hab lange in Österreich gearbeitet, auf einem Gestüt, und am Wochenende ging es in die Berge. Keine Wand war mir zu steil.«
Verblüfft mustert Jana den schwammigen, kleinen, tapsigen Mann unter sich auf dem Erntehänger.

»Sie?«, rutscht es ihr heraus und schafft es nicht, einen geringschätzigen Unterton zu unterdrücken.
Schmerzlich berührt verzieht Ebert das Gesicht.
»Du denkst sicher, was erzählt der fette Sack? Der kommt doch niemals eine Wand hoch!«
Jana sagt lieber nichts mehr.
Mit dem Zipfel seines T-Shirts wischt Ebert sich den Schweiß vom Gesicht.
»Vor einem Jahr sah ich noch nicht so aus wie jetzt. Aber seit ich Krebs habe, muss ich schwere Medikamente nehmen – und die verwandeln mich in ein fettes Nilpferd. Das sind harte Dinger, die schwemmen furchtbar auf.«
Scheiße, Krebs.
Verlegen kaut Jana auf der Unterlippe. Gut, dass Ebert nichts von seinem Namen weiß, Schwabbelsack, den sie ihm verpasst hat. Was sagt man, wenn einer Krebs hat?
»Warum arbeiten Sie denn, wenn Sie krank sind?«
Erstaunt blickt Ebert hoch.
»Warum? Die Tiere kennen mich doch. Die sind oft genug herumgestoßen worden. Soll ich sie jetzt auch noch im Stich lassen? Man hat doch Verantwortung in so einem Beruf.«
Meine Güte!
Das würde sie nie im Leben tun.
»Aber wenn Sie doch Krebs haben . . .«
»Geht schon«, sagt er, und als wollte er das Thema nicht weiter auswalzen, fragt er schnell: »Wo klettert denn dein Freund?«
»Überall, wo es was zum Festhalten gibt. In der letzten

Ferienwoche kann er in eine Freizeithalle. Mit echter Kletterwand. Richtig groß. Griffmulden und alles. Kostenlos. Das guck ich mir an.«

»Schönes Hobby«, nickt Ebert und dann lädt er keuchend den Rest des Anhängers ab, während Jana die Ballen oben annimmt und auf den Bodendielen stapelt.

Nach dem Einsatz auf dem Heuboden, als Jana ihren Pflegedienst aufnimmt, fühlt sie sich besser als sonst. Ruhiger. Das Gespräch mit Ebert geht ihr nicht aus dem Kopf. Weil es so normal war, abgesehen von der Sache mit der Krankheit. Er hat sie behandelt wie jemanden, der dazugehört. Gutes Gefühl.

Am Wasserhahn an der Scheunenwand füllt Jana einen großen Eimer und trägt ihn in die Box. Mit dem Fuß schiebt sie das Stroh zur Seite, kniet sich neben den Eimer und hält den Rand fest, damit Fenja den Eimer nicht umstößt.

Mit tiefen Zügen schluckt Fenja das klare Wasser. Mittlerweile liebt Jana es, ihr dabei zuzusehen. Das Trinken wirkt so elegant und geräuschlos. Nur am sinkenden Wasserstand bemerkt Jana überhaupt, dass Fenja trinkt.

Das Handy piept.

Fenja schielt zur Seite, trinkt aber weiter.

Jana beugt sich nach rechts, bis sie mit einer Hand das Handy greifen und ablesen kann. Wenn sie noch daran denkt, wie sie bis vor Kurzem auf jede Nachricht gewartet hat! Es konnte gar nicht oft genug klingeln und piepen. Aber seit sie etwas zu verheimlichen hat, schlägt ihr Herz bei jedem Handyton schneller als vorher. Immer

diese Angst, ihre Arbeit im Tierheim könnte bei der Crew auffliegen.
Laser hat eine SMS geschickt.

Hi Mamba! Heute fette Party an der neuen Grillhütte. Als Ferienbelustigung von der Gemeinde. Dachte erst, reiner Stumpfsinn. Aber das Programm klingt jokig. :)) Fängt mittags an. Wir treffen uns alle um 12.30 an der Bushalte. Tschau Laser

Da! Schon wieder sitzt sie in der Falle!
Vor ein Uhr ist sie nicht zu Hause. Jana verzieht das Gesicht. Mit Umziehen kann sie nicht vor halb zwei an der Bushalte sein.
Mit welcher Ausrede könnte sie sich vor Arbeitsende aus dem Stall lügen? Soll sie es überhaupt wagen? Will sie das überhaupt? Oder lieber nicht? Bringt sie Wiegand erneut gegen sich auf?
Fenja spielt mit dem leeren Eimer und wirft ihn um. Als Jana ihn geistesabwesend aufhebt, reibt das Pferd die Nase an ihren Jeans. Leise raschelt Papier in der Hosentasche und Jana muss unwillkürlich lächeln.
»Willst du mich etwa an den Knast erinnern, Fenja?«
Wohl kaum, so kompliziert kann kein Pferd denken.
Trotzdem greift Jana in ihre Jeanstasche, zieht ein klein geknicktes Papier hervor und entfaltet es. Diesen Computerausdruck hat sie neuerdings im Stall immer dabei. Jedes Mal, wenn sie in Versuchung gerät, sich zu verdrücken, zwingt Jana sich zum Durchlesen.
Im Internet hat sie Kommentare zu »ihrer« Jugendarrest-

anstalt gefunden. Ehemalige Knackis schreiben sich den Frust von der Seele. Ihre deprimierten Zeilen machen die Aussicht auf die Zelle noch trüber.
»Das ist der Horror dadrinnen.«
»Der Bunker ist das Allerletzte, was es gibt. Ich warne euch, Leute.«
»Boden schrubben, Klo putzen, außen und innen.«
»Vorm Abendessen darf man nicht mal aufs Bett. Und nicht aus dem Fenster sprechen.«
Danke, das reicht.

Durch die offen stehende Boxentür, halb von der Schubkarre zugestellt, sieht sie Max Wiegand den Hof überqueren. Rasch schiebt Jana den Zettel zurück in die Tasche.
Das fehlt noch, dass der mitkriegt, was mir durch den Kopf geht.
Zum Glück schwenkt er Richtung Hundehaus.
Die Knast-Bemerkungen haben Jana überzeugt – sie macht ihren Dienst bei Fenja zu Ende. Clique hin oder her. Bis zwölf Uhr wie immer.
Rasch schickt sie eine Antwort an Laser.

Super Info. Kann aber erst um halb zwei kommen. Mamba

So zieht sie sich am besten aus der Affäre. Einfach nicht begründen, warum sie erst so spät erscheint.
Hoffentlich stellt Laser keine Frage.
Mit langen Fingern greift Jana zum kleinen Mistsammler und schiebt nasses Stroh und Pferdeäpfel in die Schaufel.

Grummelnd tritt Fenja zur Seite. Mit gestrecktem Hals begutachtet sie die Aktion und versucht, nach dem Stroh zu schnappen, als Jana es auf die Schubkarre werfen will.

»Lass sein, Fenja. Du kriegst gleich etwas Besseres.«

Jana fährt mit der Karre zum Misthaufen, geht anschließend beim Futterhaus vorbei und schleift einen Sack Möhren herbei, den Herr Ebert schon vor dem Gebäude abgestellt hat. Zusatzfutter, das Fenja jeden Tag bekommt.

Die Stute schwenkt den Kopf und schnaubt ungeduldig.

»Freust du dich auf die Möhren?«, fragt Jana. Gleich darauf räuspert sie sich und sieht sich rasch um. Schon wieder hat sie laut geredet.

Wenn ich nicht aufpasse, benehme ich mich bald wie ein krankes Pferdemädchen.

Mit beiden Händen greift Jana in das Gitternetz und begutachtet die Möhren. »Guck sie dir gut an«, hat Herr Ebert ihr eingebläut, »es dürfen keine schimmeligen dabei sein.«

Während Jana zwei Handvoll Möhren in den Trog schüttet, trifft erneut eine SMS ein. Was ist denn nun wieder? Reicht ihre Ansage Laser doch nicht?

Mit einer Hand zupft sie das Handy vom Gürtel und überfliegt den Text.

Benz meint, du bist wahrscheinlich doch noch bei den Gäulen!!! Hundertpro hast du es nicht hingekriegt, den Schweinejob zu canceln. Melde dich! Laser und die anderen

»Das hat mir noch gefehlt.«

Stöhnend lässt Jana sich mit dem Telefon in der Hand auf den halb vollen Futtersack fallen. Ihr Nacken wird ganz feucht und klebrig vor Aufregung. Eklig . . .

Die vier schnüffeln also immer noch hinter ihr her wie die Spürhunde. Glauben ihr nicht. Lästern über sie.

Jana lacht grimmig auf. Die haben ja keine Ahnung, auf die wartet schließlich keine Arrestanstalt!

Und Fenja kennen sie auch nicht, sagt eine leise Stimme in ihr.

Vielleicht steckt ja auch ganz was anderes hinter dieser komischen SMS. Vielleicht ist es eine hinterhältige Art, ihr klarzumachen, dass Alina besser in die Gruppe passt als sie? Die hat schließlich immer Zeit. Im Gegensatz zu ihr. Falls die Kuh tatsächlich reingenommen wird, wird sie, Jana, garantiert den Kürzeren ziehen.

Und dann? In ihrem Drecksnest gibt es sonst niemanden in ihrem Alter.

Hinter ihr zerbeißt Fenja mit leisem Knacken Möhre für Möhre

Ja, genau, ohne die Clique wäre ich genauso einsam wie Fenja.

Jana stößt einen tiefen Seufzer aus und tippt die Antwort ein. Sie hat keine Wahl. Sie muss beim Lügen bleiben. Nicht dass ihr das viel ausmacht. Es ist einfach nur anstrengend.

Ihr habt sie wohl nicht alle!!! Natürlich bin ich raus aus den Sozialstunden. Habe nur morgens einen Job für meine Mutter übernommen. LG Mamba

Die folgende halbe Stunde horcht sie angespannt auf ihr Handy, auf den kurzen Ton, der eine SMS ankündigt. Aber alles bleibt still. Die scheinen ihre Ausrede gefressen zu haben.
Entwarnung.
Janas Laune bessert sich.
Daran kann nicht mal Max Wiegand etwas ändern. Mit seinem typischen energischen Gang kommt er auf Jana zu, als sie gerade den Plattenweg fegt.
Sie schielt in sein Gesicht. Will er an ihr rummeckern?
»Traust du dir zu, mit Fenja grasen zu gehen, Jana? Dort drüben?«
Er zeigt durch das offene Tor auf den breiten Grasstreifen, der sich außerhalb des Tierheims den Weg entlangzieht.
»Mit dem Führen von Fenja auf der Anlage, das hat ja letzte Woche ganz gut geklappt.«
Jana weiß nicht, was sie von Wiegand halten soll. Manchmal denkt sie, er ist vielleicht doch ganz nett. Macht sich Gedanken, wie er sie beschäftigen kann. Dann wieder hat sie das Gefühl, er will nur den Bestimmer herauskehren. Lieber vorsichtig nachfragen.
»Wieso kann Fenja denn nicht auf die Weide?«
»Die beiden Braunen dulden sie noch nicht so recht. Sind ziemlich dominant. Fenja soll nicht unnötig Stress haben. Meinst du, du kriegst das hin?«
»Logisch.«
Was soll daran schwer sein, mit einem Pferd grasen zu gehen?

Von der Geräteleiste an der Stallwand pflückt Herr Wiegand einen Führstrick, öffnet die Boxentür und lässt den Haken in Fenjas Halfter schnappen.
»Okay, denk daran: Pferde sind Fluchttiere. Schon beim kleinsten Anlass können sie scheuen und zur Seite springen. Behalte Fenja also immer im Auge.«
Er zeigt ihr, wie sie den Strick halten soll. »Schön locker durchhängend. Nicht zu straff. Trotzdem immer fest in der Hand behalten, damit sie dir nicht wegläuft.«
Er führt Fenja über den Hof, wo sich das Isländer Pferd interessiert umsieht. Die Stute ist viel aufgeschlossener als noch letzte Woche, bemerkt Jana.
»Herr Ebert mäht nachher den Rasen«, sagt Max Wiegand. »Bring dein Rad bitte solange in den Geräteschuppen.«
»Meinetwegen.«
Während Jana ihr Rad in den Unterstand schiebt, schaut sie an sich herunter. Sie verzieht das Gesicht. Diese scheußlichen Sicherheitsschuhe. Die schwarze Hose voller Staub und Strohreste. Ein Daumennagel abgebrochen. Gut, dass sie niemand sieht. Außer den Dorftussis, falls die gleich kommen. Aber von Styling haben die sowieso keine Ahnung.
Jana stiefelt zurück und übernimmt Fenja von Max Wiegand.
»Rasenmäher kennt sie«, sagt er. »Davor hat sie keine Angst. Übrigens kannst du es als Auszeichnung sehen, dass ich dich mit Fenja grasen gehen lasse. Weil du dich die letzten Tage anständig benommen hast. Und pünktlich warst.«

Ja, ja.
Jana tut, als wäre es ihr egal, dass er sie lobt. Aber in ihr breitet sich trotzdem eine unbekannte Wärme aus.
Wiegand begleitet Jana und das Pferd ein Stück. Am Tor dreht er um und geht zurück in Richtung Büro. Sofort bleibt Fenja stehen und blickt ihm nach.
Sie traut mir nicht, denkt Jana beklommen und hält irritiert an. Bei ihm fühlt sie sich sicherer als bei mir.
»Geh einfach entschlossen weiter. Fenja sucht Kontakt, sie macht es dir leicht«, ruft Wiegand ihr halblaut zu. »Beweise ihr, dass sie sich auf dich verlassen kann. Dass du bereit bist, Verantwortung für sie zu übernehmen. Du musst es aber wirklich wollen. Im Kopf. Sonst funktioniert es nicht.«
Jana gibt sich einen Ruck und marschiert energisch los. Versuchen kann sie es ja.
Kannst ruhig mitkommen. Ich kenne Strecken mit richtig gutem Gras.
Ungläubig registriert sie aus dem Augenwinkel, dass Fenja ihr folgt. Etwas zögerlich, nicht so zügig wie bei Herrn Wiegand, aber immerhin. Liegt es nur an dem frischen Gras, das am Straßenrand lockt? Oder spürt die Stute tatsächlich, dass ihr etwas an ihr liegt?
»Wenn du nicht mit Fenja zurechtkommst«, ruft Max Wiegand ihr nach, »kehr gleich wieder um. Keine Experimente.«
»Das klappt schon.«
Jana fühlt sich merkwürdig aufgedreht. Noch nie ist sie allein mit einem Pferd unterwegs gewesen, nur unter

Aufsicht auf dem Tierheimhof. Das Größte, was sie jemals an der Leine hatte, war der Dackel ihres Onkels.
Ein paar Meter geht sie mit Fenja den Sandweg hinunter, entlang an kürzlich gelieferten Kanalisationsrohren, so dick, das sie Jana bis übers Knie reichen. Direkt neben den Rohren wächst das Gras grüner und üppiger als woanders. Fenja strebt gleich darauf zu und fängt sofort an zu fressen. Jana hält ihren Strick locker, während sie aufmerksam Ausschau hält. Gibt es Störungen, die Fenja scheuen lassen könnten?
Sieht nicht so aus. Ruhig ist es hier, auf dem Zufahrtsweg zum Tierheim. Unten auf der Hauptstraße rauscht ab und zu ein Auto vorüber. Dahinter ist der Blick frei auf Weiden und Felder, die wie ein endloser Flickenteppich in der Landschaft liegen.
Eigentlich hasst Jana diese Gegend, aber heute nicht so heftig wie sonst.
Hast Glück, Fenja, dass ich nicht würgen muss, wenn ich mir die Einöde hier angucke. Aber auch nur, seit ich weiß, wie gut du den totalen Weitblick findest.
Jörg Ebert sagt immer: »Fluchttiere müssen weit sehen können. Das beruhigt sie. Pferde stammen schließlich aus der flachen Steppe, wo sie Angreifer schon aus weiter Ferne erkennen können.«
Zu ihren Füßen steckt Fenja die Nase ins Gras und reißt Büschel für Büschel mit einer kurzen Kopfbewegung ab. Jana macht einen Schritt zur Seite und sofort folgt die Stute, immer bestrebt, ihren Kopf an Janas Beine zu schmiegen.

Es stimmt, was Herr Wiegand sagt, denkt Jana und blickt von oben auf Fenjas lange Mähne, das Pferd sucht Körperkontakt. Aber warum ausgerechnet bei ihr? Bei Jana Schmitt, die um ein Haar im Knast gelandet wäre?
Vertraust du mir, Fenja? Du scheinst sogar meine Nähe zu suchen.
Fenjas stumme Geste gibt Jana ein seltsam erhebendes Gefühl, aber sie sträubt sich auch gegen die ansteigende Rührung. Zum Teufel, sie ist doch keins von diesen hysterischen Weibern, die ihre Pferde vergöttern!
Fenja hebt kurz den Kopf und ihr Blick wandert ruhig über Janas Gesicht.
Janas Herz schlägt schneller, als sie den Blick auffängt. Kann es sein, dass Fenjas dunkle Augen einen wärmeren Ton annehmen, wenn sie auf ihr ruhen? Die Ablehnung, dieser nach innen gekehrte Blick – verschwunden. Oder bildet sie sich das ein? Nein, es stimmt. Erkennt sie nicht sogar eine Art Zuneigung in den Pferdeaugen? Mehr Wärme, als sie von Menschen gewohnt ist?
Jana räuspert sich.

Hör auf, mich so anzusehen. Ich bin kein Ersatz für deine Besitzerin.
Bist du doch.
Von wegen. In zwei Wochen bin ich hier fertig und du bist für mich Vergangenheit.
Aber so lange können wir doch Freunde sein.
Und danach? Wenn ich jetzt mein Herz an dich hänge, stehe ich in zwei Wochen doch ganz dumm da.

Dann kommt doch einfach weiter auf den Hof.
Spinnst du? Soll ich mich freiwillig mit den gestörten Dorftussis herumärgern?

Halt, Aufhören! Was ist denn bloß in sie gefahren, plötzlich stumme Zwiesprache mit einem Pferd zu halten? Tickt sie noch richtig? Auf keinen Fall will sie Fenja noch näher an sich heranlassen. Das ist besser für sie beide.
Doch Fenjas Blick ist stark. Jana streckt schließlich die Hand aus und streicht ihr über die üppige Mähne. Warm und mollig fühlt sich das dichte Haar an. Herrlich gemütlich. Die Isländer-Stute grummelt zufrieden und frisst weiter.
Fenja hat keine Vorurteile, denkt Jana mit leichter Rührung, sie nimmt mich einfach, wie ich bin. Sie weiß nichts von dem ganzen Mist vor Gericht. Und wenn, wäre es ihr gleichgültig. Irgendwie toll.
Jana seufzt.
Schluss jetzt damit. Nicht dass noch jemand mitkriegt, dass sie freudiges Kribbeln im Bauch fühlt, weil das halb verhungerte Pferd so vertrauensvoll neben ihr grast. Das ist Schwäche. Man darf nicht schwach sein. Wenn man schwach ist, ist man Müll. Sie, die coole, gefürchtete Mamba – ein Weichei. Furchtbar. Wenn das jemand aus der Clique erfährt, hat Alina ihren Platz.
Es *wird* niemand erfahren. Niemand. Niemals.
Mit halb geschlossenen Lidern blinzelt Jana in die Sonne, während sie Fenjas leisem Malmen lauscht.
Manchmal kann Ruhe irgendwie schön sein.

In der Ferne brummen Mofas über die Hauptstraße. Oder Roller. Das vertraute Geräusch der kleinen Motoren weht zu Jana herüber. Mit Zweirädern sind hier viele unterwegs, in dieser Gegend, wo es kaum Busse gibt. Merkwürdig, wie deutlich der Ton zu hören ist, obwohl die Hauptstraße weit unter ihr liegt.

Mit halbem Auge sieht Jana hin, zwei Roller sind es, die dicht hintereinanderhängen.

Plötzlich durchzuckt sie ein böser Verdacht.

Das werden sie doch nicht sein . . .

Auf jedem Roller sitzen zwei Leute, das erkennt sie mittlerweile. Vier Helme blitzen in der Sonne auf.

Mit bebenden Händen fasst Jana den Führstrick kürzer.

Das heißt noch nichts, beruhigt sie sich. Erst wenn sie an der Abzweigung die Nebenstraße zum Tierheim nehmen . . .

Wenig später biegen beide Motorroller von der Hauptstraße ab und schlagen den langen Weg ein, der sich zu ihr heraufwindet.

Also doch! Das muss ihre Clique sein. Verdammt, die vier kontrollieren sie.

Hektisch blickt Jana um sich. Sie zerrt Fenja in Richtung Einfahrt und duckt sich hinter ihren Körper. Sie muss weg hier, schleunigst weg, bevor ihre Leute sie entdecken. Nie wieder kann sie sich bei denen sehen lassen, wenn sie jetzt entlarvt wird.

Jana hat schon Benz' spöttische Frage im Ohr: »Na, was macht unsere kleine Pferdefreundin?«

»Komm doch, Fenja.«

Voller Panik zieht Jana am Strick. Warum kommt Fenja nicht mit auf den Hof? Sie muss unbedingt weg von hier. In ihrer Box verschwinden. Mamba mit Pferd, das geht ja wohl gar nicht. Aber nein, sie schafft es nie und nimmer zurück zum Stall, bevor die Roller eintreffen.

Janas Blick fliegt herum. Drüben, die Baumgruppe! Nicht optimal, aber besser, als mitten auf dem Weg zu bleiben. Mit Fenja im Schlepptau strebt Jana dem mannshohen Gestrüpp hinter den Eichen zu und linst kurz darauf zwischen den Stämmen hindurch.

»Sei ruhig«, raunt sie.

Aber Fenja versteht nicht, reißt den Kopf hoch und stößt ein trompetendes Schnauben aus. Himmel, das Pferd wird sie noch verraten!

Aufheulend röhrt der erste Motorroller heran. Benz ist es mit seinem schwarz-roten Outfit. Gibt richtig Gas. Klingt, als ob er einen Rennwagen unterm Hintern hätte. Bestimmt hat Benz wieder am Vergaser gebastelt. Der soll mal aufpassen, dass sie ihn nicht erwischen, sonst kann er auch die nächsten Ferien auf Sozialstunden verbringen.

Jana späht hinter den Eichen hervor. Benz kann sie vom Weg aus nicht sehen, verborgen von den schattigen Bäumen und dem dichten Gestrüpp, wie sie ist – aber sie ihn. Als er um die Ecke biegt, wirbeln seine Räder Staubwolken auf. Fenja zieht am Strick. Janas Herz überschlägt sich fast vor Aufregung.

Da betätigt Benz auch noch die Hupe. Laut und triumphierend quäkt sie los.

Da passiert es.
Fenja scheut vor dem Lärm, schreckt schnaubend zurück und springt nach links und rechts. Jana muss aufpassen, dass sie nicht im Weg steht. Wie soll sie den Strick bloß halten? Der ist viel zu kurz, wenn das Pferd so herumhüpft.
»Verdammt, verdammt, verdammt«, murmelt Jana.
Wenn ich stehen bleibe, schießt es Jana durch den Kopf, erkennen die mich in der nächsten Minute.
Erneut stößt Fenja ein lautes, aufgeregtes Schnorcheln aus. Die Stute fängt an, nervös zu tänzeln – und plötzlich wirft sie den Kopf hoch und steigt. Erregt steht sie auf den Hinterbeinen. Direkt vor Jana rudert sie wild mit den Vorderhufen.
Fenja, Hilfe, ich kann dich nicht mehr halten!
Jana hat keine Chance. Sie lässt das Pferd einfach los.
In rasender Eile galoppiert Fenja davon und verschwindet hinter den Gebäuden.
Janas Atem fliegt. Hastig kriecht sie in das nächste Abflussrohr am Weg und baut Drahtrollen, Holzstücke, Folien, alles was sie an Müll in der Röhre greifen kann, als Deckung vor sich auf. Jana kniet auf dem harten Boden und schnappt nach Luft. Ihr Puls rast. Vor Aufregung bekommt sie Seitenstechen.
Was ist, wenn Fenja nicht zurück in ihre Box läuft . . .
Gedämpft durch die Rohrwand hört Jana, was draußen vor sich geht. Durch die zusammengeknüllte Folie sieht sie die Motorroller näher kommen. Sie flitzen an ihr vorbei und biegen durch das offene Tor auf das Tierheimge-

lände ein. Mit laufenden Motoren bleiben sie in der Einfahrt stehen.

Janas Herz pocht wie ein Dampfhammer. Sie robbt durch die Länge der Röhre und linst an der anderen Seite hervor, wo sie einen besseren Überblick hat. Beunruhigt beobachtet sie die Szene. Ihre Freunde sind nicht von den Sitzen aufgestanden und spähen von den Rollern aus über die Anlage. Die suchen sie!

Jana pustet sich Luft unter die Ponyfransen. Ein Glück, dass sie ihr Fahrrad wegstellen musste. Die Plastikschlange am Lenker ist unverwechselbar.

Hoffentlich ist mit Fenja alles in Ordnung . . .

»Mambas Rad steht nicht im Fahrradständer«, ruft Laser durch den Motorenlärm. »Dann ist sie wohl wirklich nicht hier.«

Im Gerätehaus erscheint Jörg Ebert und schiebt den Rasenmäher nach draußen.

»Hey, ihr dort drüben«, ruft er der Gruppe zu und schwenkt abwehrend den Arm. »Runter mit den Maschinen vom Hof. Seid ihr verrückt? Hier laufen Hunde und Katzen frei herum.«

Gecko brüllt zurück: »Arbeitet bei Ihnen eine Jana Schmitt?«

Jörg Ebert hebt das aufgerollte Verlängerungskabel von der Schulter und macht sich am Rasenmäher zu schaffen. »Wir geben keine Auskünfte über Mitarbeiter. Datenschutz. Und nun verschwindet bitte. Ihr macht die Tiere nervös.«

Mensch, Herr Ebert, denkt Jana dankbar.

Gecko winkt ab und wendet seinen Roller.
»Kommt, wir hauen ab. Mamba ist nicht hier, seht ihr doch. Kein Fahrrad, keine Mamba.«
Einen Moment bleibt Gecko noch mit knatterndem Motor stehen und betrachtet über die Schulter hinweg die hohe Giebelwand des Futterhauses mit den vielen kleinen Mauervorsprüngen.
»Das wäre mal eine astreine Kletterwand«, ruft er Benz zu und der hebt bestätigend den Daumen. Sie drehen ab und brausen direkt an Janas Abflussrohr vorbei. Dann verliert sich der Motorenlärm.
Jana sollte eigentlich zur Sicherheit noch einen Moment warten, ehe sie aus der Röhre hervorkriecht, aber sie hält es nicht mehr aus. Sie muss Fenja einfangen, bevor jemand etwas merkt, bevor der Stute etwas passiert. Im Loslaufen reibt sie sich Sand und Steinchen von der Hose und rennt auf den Hof. Wenn Fenja nun ganz bis unten zur Hauptstraße galoppiert ist? Und unters Auto kommt? Schrecklich. Ausblenden. Bestimmt läuft sie in ihre Box. Keuchend stürmt Jana über den Hof. Am Futterhaus bleiben zwei Frauen mit Schubkarren stehen, die Hundepflegerinnen, und sehen mit schief gelegtem Kopf zu ihr herüber.
»Probleme?«, ruft der grüne Overall. Frau Hartmann, diese Ziege. »Nein, nein«, schreit Jana zurück.
Die Frauen verschwinden mit ihren Karren. Atemlos kommt Jana vor Fenjas Box an. Leer. Mist. Sie ist so sicher gewesen, Fenja hier zu finden.
Was ist das?

Jana lauscht. Plötzlich hört sie Hufgetrappel. Im nächsten Moment ein Schatten zwischen Futterhaus und Ställen – und Sekunden später jagt Fenja heran. Neben ihr schleift der lange Strick über den Boden. Gleich wird sie durch das offene Tor nach draußen stürmen. Da ist Ebert. So schnell er kann, läuft er über den Hof.

»Arme ausbreiten«, ruft er Jana zu. »Lass sie nicht nach draußen laufen.«

Einen Moment lang hat Jana Angst, doch dann gehorcht sie mit pochendem Herzen. Mit einem Satz springt sie in die Einfahrt und streckt die Arme aus. Tatsächlich dreht Fenja vor der plötzlichen Sperre um und rennt zurück, galoppiert vor dem Futterhaus im Kreis, fällt in Trab, wird endlich langsamer.

Mit tiefer Stimme beruhigt Jörg Ebert das Pferd. »Ruuuhig, ruuuhig.«

Von der Seite tritt er an die aufgeregte Stute heran und bekommt schließlich den baumelnden Strick zu fassen. Fenjas Atem geht stoßweise. Jana läuft hin, schnappt selber nach Luft. Unter Fenjas nass geschwitztem Fell sieht sie das Pferdeherz wummern.

Die Haustür wird aufgerissen und Max Wiegand stürzt mit hochrotem Kopf heraus.

»Bis du noch zu retten?«, fährt er Jana an. »Warum hast du Fenja losgelassen? Ich dachte gerade, ich sehe nicht richtig! Sie hätte nur ein Mal auf den losen Strick treten müssen, dann hätte sie sich überschlagen.«

Wütend blitzt er sie an. »Das Genick hätte sie sich brechen können.«

Er geht neben Fenja in die Hocke und tastet jedes Bein einzeln ab, während Jörg Ebert Fenjas Rücken abstreicht und ihre Reaktion dabei aufmerksam beobachtet.
Jana wischt sich kleine Schweißtropfen von der Stirn.
»Da waren plötzlich zwei Motorroller«, verteidigt sie sich. Nach jedem Wort muss sie unterbrechen und husten, ihr Mund ist staubtrocken. »Die Maschinen haben einen Höllenlärm gemacht, sie ist völlig ausgeflippt, da konnte ich das Pferd einfach nicht mehr halten.«
Jörg Ebert sieht schief zu Jana hinüber.
»Du kanntest doch diese Typen auf den Rollern. Die haben nach dir gefragt.«
Max Wiegand starrt Jana grimmig an.
»Hast du Fenja etwa bewusst losgelassen?« Er runzelt die Stirn, als ginge ihm plötzlich ein Licht auf. »Wolltest wohl nicht, dass deine Leute dich mit Fenja sehen. So wie ich dich kenne, findest du das uncool.«
»Nein, nein, nein«, hört Jana sich schreien.
Wie kommt der Hengst dazu, ihr so was zu unterstellen?
Ungerührt redet er weiter.
»Sind das die Freunde, die deine Mutter mit *schlechte Gesellschaft* meinte? Hör zu, Mädchen, wir haben mit dir allein schon genug zu tun. Wenn nun noch deine Clique hier einfällt und für Unfrieden sorgt, dann musst du weg.«
»Nein«, bringt Jana hastig hervor, »das war nicht meine Clique. Kann sein, dass die *mich* kennen. Aber *ich* habe mit denen nichts zu tun.«
Jana fühlt sich mies, unglaublich mies. So weit ist es

schon, dass sie ihren Freunden untreu wird. Die coole Mamba – eine Verräterin.

Aber niemand darf glauben, dass ich Fenja absichtlich losgelassen habe! Wie könnte ich! Ich habe ihr doch versprochen, dass ich für sie da bin.

»Mag sein, dass es vorhin einfach schlecht gelaufen ist mit Fenja, aber trotzdem . . .«, sagt Wiegand ruhig.

Wie sie diesen Blick hasst! Wenn der Mann wenigstens nicht so entsetzlich lang wäre und ständig auf sie herabblicken könnte. Er, der Bestimmer.

»Ehrlich, Jana, es hat keinen Sinn, dass du deine Arbeit hier fortsetzt. Such dir etwas Neues. Eine andere Einrichtung, wo du die Sozialstunden ableisten kannst.«

»Das dürfen Sie nicht!«

»Und ob. Ist mit dem Jugendamt vereinbart. Wir *müssen* dich nicht beschäftigen. Das ist reines Entgegenkommen von uns, damit Mädchen wie du ihre Strafe abarbeiten können. Aber in erster Linie bin ich für die Tiere verantwortlich. Ich kann doch nicht zusehen, wie du sie in Gefahr bringst. Also – morgen brauchst du nicht mehr zu kommen.«

Janas Gedanken fahren Karussell. Er muss mich einfach behalten, was wird sonst aus Fenja? Sie fängt gerade an, Vertrauen zu mir zu kriegen.

Und außerdem gibt es doch nichts anderes in dieser verdammten Einöde. Wo soll sie sonst ihre Sozialstunden ableisten? Wenn sie nichts findet . . .

Die Arrestanstalt taucht im Geiste wieder vor Jana auf. Vergitterte Fenster. Tote Zellen. Kein Fernseher, der die

Einsamkeit erträglich macht. Dreiundzwanzig Stunden gegen graue Wände starren. Der Hof beginnt sich zu drehen, immer schneller, und Janas Kopf droht zu platzen.
»Aber wieso denn?«, schreit sie. »Ich wollte das doch nicht mit Fenja.«
Wiegand hebt die Achseln. »Vielleicht. Aber die Sache vorhin, das war praktisch nur der letzte Tropfen, der das Fass zum Überlaufen brachte«, entgegnet er. »Wir haben dir Gelegenheit zur Bewährung gegeben und du hast sie nicht genutzt. Von Anfang an hast du versucht, dich aus der Affäre zu ziehen. Eine wie dich kann ich hier nicht gebrauchen. Du passt einfach nicht auf einen Pferdehof.«
Danach dreht er sich um und geht zurück ins Haus. Während Jana ihm fassungslos nachsieht, läuft Jörg Ebert, der Fenja zurück in die Box gebracht hat, an ihr vorbei.
»Chef, warten Sie einen Moment«, ruft er Max Wiegand nach und folgt ihm ins Büro.
Mit plötzlich aufkeimender Hoffnung sieht Jana ihm nach. Vielleicht legt Jörg Ebert für sie ein gutes Wort ein? Aber warum sollte er? Was hat er davon?
Verdeckt durch blühende Sträucher, schleicht Jana unter das Bürofenster. Lauschend hebt sie den Kopf. Kein einziges Wort versteht sie, sosehr sie sich auch anstrengt. Das Fenster ist geschlossen. Nur der Tonfall unterscheidet sich. Da ist Wiegands entschlossene Stimme, dann wieder Eberts ruhige Art zu reden.
Niedergeschlagen kriecht Jana aus dem Gebüsch und geht zu den Pferdeställen. Über die niedrige Tür sieht

Fenja ihr entgegen. Das Pferd hat sich beruhigt, der Atem geht wieder normal.

Da kommst du ja endlich.

Du weißt doch, dass ich nichts dafür kann?

Oder doch?, meldet sich eine andere Stimme in ihr. Du hättest Fenja nicht unbedingt loslassen müssen, bohrt die Stimme weiter. Es ging dir doch nur darum, dass die Clique dich nicht sehen sollte.

Bullshit.

Sie hält sich die Ohren zu und schüttelt den Kopf, als könnte sie das innere Raunen damit abwürgen.

Nervös marschiert Jana vor Fenjas Box auf und ab. Fenja wird verstört sein, wenn ein anderer sie künftig betreut. Vielleicht wäre sie nach Ende der Strafe freiwillig weiter zu Fenja gefahren. Damit das verlassene Pferd sich nicht erneut verstoßen fühlt. Doch nun ist alles verbaut.

Es ist zum Verrücktwerden! Der Wiegand macht alles kaputt, Fenja. Ich muss mein Versprechen brechen.

Muss sie jetzt wieder zum Jugendamt?

Ein schwarzer Tag.

Anstalt, Anstalt, Anstalt, hämmert es in ihrem Kopf.

Kein Besuch. Kein Kontakt. Eingeschlossen. Weggesperrt. Sie sieht schon das Schild an der Zelle. *Jana Schmitt, die Verliererin des Jahres.*

Hilfe suchend geht ihr Blick zu Jörg Ebert, der soeben das Haus verlässt. Mit einer leichten Kopfbewegung weist er auf Wiegands Büro und nickt Jana zu.

Heißt das, sie soll es noch mal probieren? Hat er sich etwa für sie eingesetzt? Das wäre das erste Mal, dass je-

mand sich für sie stark macht, ohne einen Vorteil davon zu haben.
Zögernd macht Jana sich auf den Weg. Fenja wiehert ihr leise nach.
Komm bald zurück.
Sieht schlecht aus, Fenja.
Der Weg über den Hof kommt ihr zehnmal so lang vor wie sonst. Im Flur stockt sie und horcht. Telefoniert der Hengst schon mit dem Psycho? Dann kann sie gleich auf dem Absatz kehrtmachen.
Die Tür steht halb offen. Stille. Kein Telefonat. Jana presst die Lippen zusammen und tritt ein, ohne dass Wiegand eine Reaktion zeigt. Ein Stück vor seinem Schreibtisch bleibt sie stehen, mit hängenden Schultern. Unsicher knetet sie die Finger. Ihre Handflächen sind klitschnass. Sie fühlt sich angefressen.
»Ja?«, sagt Max Wiegand, ohne von seinen Papieren aufzusehen. »Ist noch was?«
»Kann ich nicht doch weitermachen?«, fragt Jana mit dünner Stimme.
Der Tierheimchef schweigt und ordnet schmallippig die Briefbogen vor sich.
»Aber ich wollte das wirklich nicht mit Fenja«, haspelt Jana hervor. »Sie hat mir einfach den Strick aus der Hand gerissen.«
Max Wiegand kneift die Augen zu Schlitzen zusammen. Glaubt er, dass sie bloß vor der Clique geflüchtet ist? Und deswegen Fenja losgelassen hat? Jana will etwas sagen, dieses bedrückende Schweigen hält sie schwer aus.

»Ich kann morgen einfach länger hierbleiben«, sagt sie und verlagert ihr Gewicht von links nach rechts. »Ohne die Stunden aufzuschreiben. Und noch mal mit Fenja grasen gehen. So was wie heute passiert mir nicht wieder.«
Falscher Vorschlag, denkt sie sofort, denn Wiegand springt auf.
»Du kannst das Leben nicht einfach zurücklaufen lassen, Jana. Das funktioniert nur im Film. Und bei deinen Computerspielen.« Seine Hände durchschneiden die Luft. »Du bist hier im richtigen Leben. In der Realität. Alles, was passiert, geschieht nur ein einziges Mal und lässt sich nicht rückgängig machen. Überleg vorher, was du tust. Du musst Dinge zu Ende denken. Um das zu lernen, haben sie dich zu gemeinnütziger Arbeit verurteilt.«
Wiegand lässt sich wieder auf den Drehstuhl fallen, seufzt, macht eine Pause, während er mit dem Kuli scharfe Dreiecke auf seine Schreibtischunterlage malt. Schließlich sagt er: »Herr Ebert hat sich für dich eingesetzt. Angeblich bist du vorhin mutig in den Eingang gesprungen, um Fenja aufzuhalten.«
Hoffnungsvoll richtet Jana sich auf.
»Dann behalten Sie mich doch! Sie müssen einfach, sonst weiß ich nicht, wie ich meine Stunden vollkriegen soll.«
Wiegand trommelt mit den Fingerkuppen auf die Tischplatte.
»Du verkennst die Lage. Ich muss gar nichts.«
Jana schluckt. Natürlich, er muss es nicht. Er kann sie auch in die Arrestanstalt wandern lassen. Und ihr sogar

den Umgang mit Fenja verbieten. Das geht doch nicht! Gerade jetzt, wo das Pferd Zutrauen fasst.
Da sagt Jana sehr leise, mit einer Stimme, die sie kaum als ihre erkennt: »Geben Sie mir und Fenja noch eine Chance, Herr Wiegand. Bitte.«
Das hat sie bisher noch nie über die Lippen gebracht.

9. Kapitel

Er hat sich breitschlagen lassen.
»Nun gut – ich gebe dir eine allerletzte Chance«, hatte der Hengst gesagt. Das war Montag, nach dem plötzlichen Auftauchen der Clique im Tierheim.
Seitdem ist nichts Schreckliches mehr passiert und Jana sieht bereits Licht am Ende des Tunnels. Sie hofft, dass sie bis zum Ende ihren Stalldienst vor den Freunden geheim halten kann. Aber als Jana am Mittwochabend ihren PC-Briefkasten durchsieht, kündigt sich erneut Unruhe an.

Betreff: Nächste Woche

e-mail = Von: Pixi

e-mail = An: Mamba, Gecko, Laser, Benz

e-mail = Hi Leute! Fette news! Nächste Woche nimmt mein Opa uns alle mit in sein Ferienhaus am Surfsee. Mit Boot und Brettern! Bin total happy. Montag bis Donnerstag. Nehmt euch bloß nichts anderes vor. Meldet euch. Tschaui Pixi

Aufgeregt streicht Jana sich übers Gesicht. Vier Tage die Arbeit bei Fenja schwänzen? Das kann sie unmöglich machen. Nicht nach dem, was vorgefallen ist.
Ohne Pixi zu antworten, kriecht Jana ins Bett, wo sie sich noch lange nach Mitternacht grübelnd wälzt und mit offenen Augen ins Schwarze starrt.
Welche Ausrede akzeptiert die Clique am ehesten? Ihre

Eltern kann sie nicht vorschieben. Die andern wissen genau, dass die ihr alles erlauben. Noch nie haben sie etwas verboten. Pixis Opa kennen sie auch, der hat sie schließlich schon öfter auf Spritztouren mitgenommen.
Nun geht kein Weg mehr daran vorbei, denkt Jana und wirft sich unruhig auf die andere Seite, ich muss zugeben, dass ich wieder bei Fenja arbeite. Aber am besten erst am Sonntagabend. Zunächst mal zusagen. Wer weiß, vielleicht fällt mir bis Sonntag doch noch was Gutes ein.
Jana steigt aus dem Bett und mailt an Pixi zurück.

Gigantisch, das mit dem Surfsee. Endlich mal ein paar gute Typen sehen. Bin schon kribbelig. Dein Opa ist grandios.
Mamba

Vielleicht täuscht sie kurz vor der Abfahrt eine Krankheit vor. Etwas richtig Fieses. Wo jeder einsieht, dass sie nicht mitkann. Salmonellen zum Beispiel. Wenn sie zehnmal zum Klo rennt, kapieren die es ja wohl.

Am folgenden Morgen kreisen Janas Gedanken dauernd um eine Ausrede für die Fahrt.
Diese blöden Sozialstunden machen mir alles kaputt, denkt sie voller Groll, während sie Fenjas Box ausmistet und mit Spänen und Stroh neu einstreut. Das steht doch in keinem Verhältnis – für eine zerdepperte Autolampe kassiere ich komplett versaute Sommerferien. Dieser gigantische Berg an Arbeitsstunden. All die Verwicklungen. Scheißspiel.

Während Jana noch vor sich hin wütet, piept eine SMS sie aus den Gedanken. Sie zupft das Handy vom Gürtel. Pixi.

> Mein Opa macht schon heute mit uns eine Blitztour an den Surfsee!!! Damit wir gucken können, was wir noch einkaufen müssen. Treffpunkt zwei Uhr Bushalte. Er kommt mit seinem alten VW-Bus. Freue mich total. Pixi.

Aufgeschreckt schaut Jana auf die Uhr. Verdammt, schon nach zwölf. Längst Feierabend. Mit fliegenden Fingern löst sie Fenjas Strick vom Anbindepfosten auf dem Hof und führt das Pferd in die frisch gemachte Box. Sie hat völlig vergessen, auf die Zeit zu achten, während sie das Stroh einstreute. Jetzt hat sie die Quittung.
Schnell tickert sie an Pixi.

> Das ist der Hammer des Sommers! Sterbe hier zu Hause vor Langeweile. Bin um zwei am Wartehäuschen. LG Mamba

Einfach so tun, als ob sie in ihrem Zimmer sitzt und sich mordsmäßig auf den Termin freut.
Fenja gibt ein fragendes Brummen von sich und streckt ihren Hals lang über die Tür. Mittags bekommt sie eine Portion Möhren extra, denn nach wie vor muss sie aufgepäppelt werden. Ungeduldig scharrt sie mit den Hufen.
Gibt es heute nichts?
Jana grinst Fenja schief an, als sie ihr Handy einsteckt. Woher weiß ein Pferd, dass es zwölf Uhr ist?
Keine Panik, ich verzieh mich nicht ohne dein Mittagessen. Obwohl ich's eilig habe.
Sie hebt den Futtereimer vom Haken und läuft zum Fut-

terhaus. Im Eingang, wo die Frischkost steht, schlägt ihr stickige Luft entgegen. Normalerweise ist es hier kühl und luftig. Heute herrscht jedoch Gewitterluft.

Im Halbdunkel erkennt Jana ein großes Netz mit Futtermöhren, das neben gestapelten Apfelkisten und Kartons mit Bananen lehnt. Als Jana in den Möhrensack greift, zuckt sie zurück. Einige der Rüben fühlen sich feucht und glitschig an. Sie verzieht das Gesicht und sieht sich bei Licht die Möhren genauer an. Viele haben Schimmelstellen und weiche Enden.

Da fällt ihr siedend heiß der Auftrag ein, den Herr Ebert ihr gestern gegeben hat. »Das Kleintierhaus soll den Sack abholen und die Möhren rasch verfüttern. Noch sehen sie gut aus, aber bei dieser Gewitterluft schimmelt alles wahnsinnig schnell.«

Hat sie total vergessen.

Jana sieht sich um. Es gibt keinen anderen Sack. Logisch, der wird erst gekauft, wenn der alte leer ist. Weit und breit niemand, den sie fragen kann. Vor zwei Stunden ist Jörg Ebert zum Arzt gefahren. Plötzlich war er kreidebleich geworden und hatte angefangen zu zittern. Er meinte, das liegt wohl an seinen neuen Tabletten. Danach musste auch Max Wiegand weg, mit dem Amtstierarzt. Irgendein Tierschutzfall. Frühestens in einer Stunde ist der Chef zurück.

Was soll sie bloß machen? Wenn sie nicht bald loskommt, düst die Clique ohne sie ab.

Fenjas Futterration einfach ausfallen lassen? Kaum. Der Tierarzt hat gesagt: »Nach dem langen Futterentzug

braucht die Stute fünf Mahlzeiten am Tag. Damit sie wieder Vertrauen fasst, dass sie regelmäßig gefüttert und nicht mehr vergessen wird.«
Jana knallt den Eimer auf den Boden und läuft durch das Futterhaus in die Kleintierabteilung. Still und ausgestorben liegt die niedrige Halle vor ihr, als sie die Tür aufreißt. Der würzige Duft von Heu hängt in der Luft.
»Ist hier jemand?«, ruft Jana, aber niemand antwortet.
»Natürlich nicht«, stöhnt sie und schlägt sich gegen die Stirn. »Von zwölf bis eins ist Mittagszeit.«
Hinter Drahtgittern, an deren Fronten Jana entlang zum Arbeitstisch geht, dösen Kaninchen, Meerschweinchen und Hamster. Alles Loser, die hier in den Käfigen sitzen. Zu Hause rausgeworfen, weil sie lästig wurden.
Schläfrig gucken einige Kaninchen auf, hoppeln an die Gitterstäbe und stecken die Nasen schnuppernd hindurch, als Jana sich geräuschvoll am Tisch zu schaffen macht und die gestapelten Futterpackungen einzeln anhebt. Körnermischungen, Pellets, Haselnüsse. Keine Möhren.
Okay, dann muss sie doch in den Schimmelsack greifen. Besser gammelige Möhren als gar keine.
Wird schon nicht so schlimm sein.
Auf dem Weg zurück ins Futterhaus wägt Jana kurz ab, wie groß die Chance ist, dass Wiegand die Möhren entdeckt und sie anmeckert. Wenig Gefahr. Eigentlich gar keine. In einer Stunde hat Fenja längst alle gefressen. Hauptsache, sie kommt endlich aus dem Tierheim weg.
Jana füllt den Eimer, kippt die Möhren in Fenjas Trog und wartet ab, bis die Stute anfängt zu fressen.

»Bis morgen«, murmelt Jana.
Aber hau ordentlich rein, damit alles weg ist, bevor jemand kommt . . .
Mach ich. Weißt doch, dass ich immer Wahnsinnshunger habe.
Sie stürzt los. Wenn sie einen Zahn zulegt, schafft sie es gerade noch so bis zwei.

Obwohl sie bis zum Surfsee anderthalb Stunden auf der Straße herumkurven, vergeht die Fahrt wie im Flug. Pixis Opa hat das Talent, gute Stimmung zu verbreiten.
Am See erwischen sie ein leeres Stück Grasufer für sich, wo sie den ganzen Nachmittag in der Sonne liegen. Sie sehen den Surfern zu, die über das gekräuselte Wasser schießen, und malen sich die nächste Woche aus. Erst abends ballen sich am Himmel violette Wolken zusammen, und als sie zurückfahren, kracht ein heftiges Gewitter aufs Wagendach.
Hinten im VW-Bus hocken Gecko und Jana nebeneinander. Stumm starrt Jana durch die nasse Scheibe, an der die Tropfen herunterrinnen. Die Erde auf den Äckern beginnt zu dampfen.
Jana ist todunglücklich, weil der Ferientrip an den Surfsee nächste Woche ohne sie stattfinden muss. Und weil die Pleite mit dem Attest auffliegen wird. Aus, alles aus. Gibt es wirklich keinen Ausweg?
Ob sie Wiegand und Ebert überreden kann, ihr einige Tage freizugeben? Bloß – unter welchem Vorwand?
Mit einem kurzen Seitenblick streift sie Gecko. Soll sie

ihn in die Sozialstunden einweihen? Möglich, dass er eine Idee hat, was sie machen soll. Aber gerade, als sie ansetzen will, streicht er sich seufzend übers Gesicht. Der schlägt sich selber mit Problemen genug herum, das merkt sie Gecko an.

»Läuft was schief bei dir?«, fragt Jana ihn direkt, kurz bevor Pixis Opa ihr Kuhdorf ansteuert.

Zu Janas Überraschung rückt Gecko tatsächlich damit heraus, trotzig und leise, damit die Vordersitze nichts mitkriegen. Er ist ziemlich down wegen seiner Mutter, die sich nicht meldet, seit sie mit ihrem neuen Lover in Berlin haust. Hat ihn einfach abgeschrieben. Und wütend ist er auch, weil sein Alter ihn immer öfter zur Arbeit in der Tischlerei zwingt.

»Nachts kann ich nicht schlafen«, sagt Gecko, »weil ich huste wie ein Schakal. Und meine Augen brennen und sind rot wie bei einer Laborratte.«

Er zuckt die Schultern und betrachtet den Sitz vor sich.

»Und keine Highlights in Sicht.«

Jana widerspricht. »Aber die Kletterwand hast du noch. Wo du umsonst Freeclimbing machen kannst.«

»Auch nicht mehr«, sagt Gecko mit gesenkter Stimme. »Ist gesperrt. Kann sein, das Hallendach bricht zusammen. Darf keiner rein.«

Gecko nimmt die Strickmütze ab und streicht seine langen Haare hinter die Ohren.

»Das geht mir alles dermaßen auf den Geist hier«, seufzt er.

»Was glaubst du, wie *mich* das alles annervt«, entgegnet

Jana flüsternd. »Die ganze obercleane Welt bei meiner Mutter. Ihre dämlichen Nilpferde und das ewige Putzen und unser keimfreies Treppenhaus. Und überhaupt. Ich könnte kotzen, wenn ich alle diese gestutzten Vorgärten sehe und die geschrubbten Plattenwege.«

Hinter dem Ortsschild tauchen die ersten sauberen Häuser auf, jedes mit einer Satellitenschüssel am Balkon. Jana weist mit dem Kinn nach draußen.

»Und diese Schüsseln überall. Die einem mitteilen, dass man am Arsch der Welt wohnt.«

Gecko nickt gefrustet.

»Und diese Langeweile, die an einem herumätzt, bis man total zerfressen ist. Ich will endlich leben!«

»Irgendetwas«, murmelt Jana, »geht ganz schwer an uns vorbei.«

10. Kapitel

Vielleicht, denkt Jana, als sie am nächsten Morgen zum Pferdehof radelt, vielleicht frage ich Wiegand einfach, ob er mir nächste Woche freigibt, damit ich mit zum Surfsee kann.

Die Tage kann ich ganz easy hinten dranhängen.

Jetzt, wo Geckos Traum vom Hallenklettern geplatzt ist, muss sie sich die letzte Ferienwoche nicht mehr für ihn freihalten. Die Woche hätte sie dann noch für Fenja. Für das Pferd wäre es bestimmt gut, überlegt Jana, wenn ich nicht abrupt aufhöre.

Ob Gecko vielleicht Freeclimbing am Futterhaus machen darf? Der Giebel ist perfekt, hat Ebert gesagt. Mit etwas Glück unterstützt er ihre Idee. Wo er doch selber Bergsteiger war!

Beim Klettern könnte Gecko gleich Heuballen auf den Dachboden bringen. Für Ebert mit seiner Krankheit ist das nichts, dieses Hochwuchten vom Anhänger. Gut möglich, dass der Mann erst mal ausfällt. So schlecht, wie der gestern drauf war mit seinem Zittern.

Ein silberner Mercedes Kombi überholt Jana. War das nicht der Tierarzt? Sie biegt von der Hauptstraße in den schmalen Weg ein, der sich zum Tierheim hochschlängelt.

Das mit dem Klettern muss natürlich Wiegand entscheiden. Bei dem weiß man nie. Kehrt ja gern den Oberhengst raus. Im Moment ist selbst der aber ganz zahm.

Hat gestern sogar ein Lob ausgestoßen. »Fenja ist inzwischen stärker auf dich fixiert als auf Herrn Ebert und mich. Weil du ständig um sie herum bist.«

Fragen will Jana ihn auf jeden Fall. Geht natürlich nur, wenn der Chef nicht von den Schimmelmöhren Wind bekommen hat. Falls er gestern Reste im Futtertrog entdeckt hat, dann hat sie ganz schlechte Karten. Ist aber unwahrscheinlich – bei der Geschwindigkeit, mit der Fenja frisst ...

Als Jana durch das offene Tor fährt, entdeckt sie sofort den silbernen Mercedes Kombi am Ende des Hofs. Sie kneift die Augen zusammen und fühlt sich von einer Sekunde zur anderen unbehaglich. Also hat sie vorhin richtig gesehen – es war der Tierarzt, der sie überholt hat. Eine unheilvolle Ahnung beschleicht sie.

Mit fahrigen Bewegungen rammt Jana ihr Rad in den Ständer. Die verschimmelten Möhren ...

Soll sie zu Fenja laufen und nach dem Rechten sehen? Einen Moment schwankt sie. Was aber, wenn Wiegand oder Ebert in der Box steht? Oder der Tierarzt? Wenn sie dort im Laufschritt ankommt, werden die bloß misstrauisch.

Erst einmal verschwindet Jana im Schuppen, um die Sicherheitsschuhe anzuziehen und Zeit zu gewinnen, aber als es sieben Uhr ist, kann sie sich nicht länger drücken. Mit bebenden Fingern schnürt sie die Schuhbänder zu. Wenn sie mit dem Füttern trödelt, kriegt sie Ärger.

Als Jana aus der Tür tritt, steht die Heckklappe des Autos

offen und gibt den Blick frei auf Einbauten mit Fächern und Schubladen voller Medikamente.

Bestimmt kommt der Tierarzt nur, um neue Hunde oder Katzen zu impfen, beruhigt Jana sich selber. Aber tief in ihrem Inneren weiß sie, dass es nicht so ist, denn der Wagen steht direkt vor den Pferdeboxen.

Heiß und kalt läuft es ihr über den Rücken. Ihre Füße wollen nicht richtig. Was ist mit den Arbeitsstiefeln passiert? Sind die heute aus Blei? Mit schweren Schritten nähert sie sich Fenjas Box, aus der gedämpfte Stimmen dringen.

»Ihr passt doch mit dem Futter auf?« Der tiefe Bass, das ist der alte Tierarzt.

Dann Max Wiegand. »Aber sicher. Sie kennen unseren Hof doch.«

»Hm. Kann es sein, dass ein Besucher der Stute etwas Falsches zugesteckt hat? Und habt ihr mal eure Silage angeguckt? Bei dem schwülen Wetter schimmeln die Ballen leicht, sobald sie angebrochen sind. Schimmel ist immer kritisch.«

Wiegand klingt etwas ungeduldig. »Weiß ich doch. Übrigens füttern wir keine Silage, nur bestes Heu, das können Sie sich oben auf dem Dachboden . . .«

Jörg Ebert fällt ihm ins Wort. »Schimmel! Da soll doch . . .«

Plötzlich verlässt Ebert die Box und schiebt sich mit seinem watschelnden Gang zum Futterhaus hinüber.

Jana kann nicht anders, als näher zur Box zu schleichen, auch wenn sie am liebsten wegrennen würde. Sie muss wissen, was mit Fenja ist.

Wie vom Donner gerührt bleibt Jana vor der offenen Boxentür stehen.
Mit aufgedunsenem Bauch liegt Fenja im Stroh, die hohlen Augen halb geschlossen. Falten graben sich tief in die Haut über den Augenhöhlen ein. Das Maul ist zusammengepresst. Schweißnass glänzt das Fell, von dem wirr und struppig die dichte Isländermähne absteht.
Auf einmal stößt das Pferd ein schreckliches Ächzen und Stöhnen aus, nicht laut, aber es sind unmenschliche, furchtbare Laute, die Jana durch und durch gehen.
Entsetzt schlägt sie die Hände vors Gesicht. Fenja krümmt sich unter Krämpfen.
Wie hypnotisiert starrt Jana auf das Pferd, das vor ihr am Boden liegt. Max Wiegand und der Tierarzt knien daneben.
»Warum hast du den Sack nicht weitergegeben? Hatte ich dir extra aufgetragen.«
Hinter ihr baut sich Jörg Ebert auf. Mit dem Arm wischt er sich den Schweiß von der Stirn und hält ihr den halb vollen Sack unter die Nase, den er aus dem Futterhaus herangeschleppt hat.
»Hast du etwa solche verschimmelten Möhren an Fenja verfüttert?«
»Nein, nein«, sagt Jana hastig.
Sie weicht zurück, bis sie im Rücken die Heckklappe des Autos spürt.
Die Männer neben Fenja gucken kurz hoch. Wiegands Blick bedeutet Jana, wegzugehen. Als ob sie eine ansteckende Krankheit hätte.

»Jetzt lüg nicht noch, Jana«, ruft Ebert aufgeregt. »Kapier doch, du hilfst Fenja, wenn der Tierarzt weiß, woher die Kolik kommt. Hat sie von diesen vergammelten Möhren gefressen?«

»Na und?«, schreit Jana plötzlich außer sich.

Soll sie jetzt schon wieder an allem schuld sein? Warum trampelt jeder auf ihr herum? Diese vorwurfsvollen Blicke ringsherum, da kann man ja nur ausflippen.

»Warum frisst die denn auch verschimmeltes Zeug? Haben die Gäule denn keinen Instinkt?«

»Also du warst es tatsächlich!«, stöhnt Jörg Ebert. »Jana! Ein Pferd, das monatelang kurz vorm Verhungern war, frisst einfach alles, was du in den Trog wirfst. Ich hätte dir das nicht überlassen dürfen. Meine Schuld. Wenn der Arzt mir gestern nicht dazwischengekommen wäre . . .«

Aus der Box kommt Wiegands verhaltene Stimme. »Hör auf, Jörg. Du bist der Zuverlässigste auf dem ganzen Hof. Es war ein Fehler, dass wir Jana behalten haben. Sie kann es einfach nicht. Du verschwindest auf der Stelle, Mädchen.«

»Was?« Jana hat das Gefühl, als ramme er ihr eine Faust in den Magen. Ist es nicht furchtbar genug, dass Fenja so erbärmlich vor ihr liegt? Warum hacken sie von allen Seiten auf sie ein? Unbarmherzig schiebt sich in ihrem Kopf ein anderes Bild vor Fenjas. Ein graues Gebäude mit vergitterten Fenstern. Das Schild *Jugendarrestanstalt.*

»Und die restlichen Stunden?«, fragt sie nervös.

»Wie bitte? Hast du nicht schon genug angerichtet? Es reicht. Ich muss das Gericht informieren.«

»Aber ich habe gestern Mittag noch versucht, andere Möhren zu besorgen«, stottert Jana und breitet kläglich die Arme aus.
»Hör auf. Du hattest genug Chancen. Schluss, aus, Ende.«
Ohne aufzusehen murmelt der Tierarzt. »Was soll man mit solchen Mädchen anfangen? Die erste kleine Hürde und schon versagen sie.«
»Ich hätte sie gar nicht nehmen dürfen«, sagt Wiegand.
Jana hat genug gehört – sie dreht sich um und rennt weg. Furchtbar, wie diese Blicke sie stumm anschreien: schuldig, schuldig, schuldig.
Wenn Fenja stirbt, werden alle mit Fingern auf sie zeigen. »Das ist die, die ein Pferd umgebracht hat.«
Fenja, arme Fenja . . .
Ihr Leben lang wird sie sich dafür hassen. Schwarze Verzweiflung überfällt Jana. Wo ist ein Loch, in dem sie sich verstecken kann?
Jana stürzt in den düsteren Geräteschuppen. Heulend lässt sie sich in eine Schubkarre fallen. Sie will weg, nur weg von hier. Aber sie kann nicht. Sie muss wissen, was mit Fenja passiert.
Wieder hinaus. Im Schatten des Gebäudes schleicht Jana zu der leeren Box neben Fenja und schlüpft unbemerkt hinein. In der Nachbarbox sind die Männer mit der Stute beschäftigt.
Jana beugt sich vor einen Spalt in der Trennwand. Mit beiden Händen schirmt sie ihre Augen ab und späht in Fenjas Box. Sie will sehen, dass es ihrem Pferd wieder gut geht. Gleich, wenn die Arznei wirkt, wird Fenja aufste-

hen, sich schütteln und alles ist wieder okay. Mit eigenen Augen will Jana das sehen. Und dann wird Fenja ihren Kopf heben, ihr leise zuwiehern und die Männer werden sich umdrehen und staunen und Wiegand wird sagen: »Donnerwetter, so schlecht kann diese Jana gar nicht sein, wenn ein krankes Pferd ihr zuwiehert.«
Doch nichts davon passiert.
Im Gegenteil. Voller Entsetzen sieht Jana mit an, wie die Männer das Tier aus dem Strohbett hochjagen.
»Hoch, hoch.«
Mit lauten Anfeuerungsrufen treiben sie das jämmerlich daliegende Pferd an. Jana beißt sich auf die Finger. Ebert hat ihr neulich erzählt, das müsse sein bei Kolik, weil sonst der Kreislauf zusammenbreche, aber so schlimm hat sie sich das nicht vorgestellt.
Verzweifelt versucht Fenja, die Vorderbeine zu strecken, um aufzustehen, aber es fällt ihr unglaublich schwer. Zweimal knickt sie ein und sinkt zurück. Doch die Männer bleiben laut und fordernd. Wiegand hat sie fest am Halfter.
»Hoch, hoch. Komm, Fenja.«
Endlich steht die Stute zitternd auf den Beinen. Kreuz und quer hängen Strohhalme im Schweif und in der Mähne.
Wie dünn Fenja immer noch ist! Jetzt, wo das Fell nass am Körper klebt, erkennt Jana fast noch die Rippen, trotz des unnatürlich aufgedunsenen Bauchs.
Wiegand tätschelt Fenjas Hals, murmelt unverständliche Worte und führt sie auf den gepflasterten Hof hinaus.

Unsicher stolpert die Stute vorwärts. Dort wartet schon der Tierarzt und schiebt Fenja vorsichtig einen Schlauch in die Nüstern.
Blut tropft auf den Boden und hinterlässt hässliche rote Flecken auf den grauen Steinen.
Und ich bin schuld!
Jana presst die Hände vor den Mund, um nicht loszuschreien. Der Hof sieht aus, als hätte dort ein Massaker stattgefunden.
Am liebsten würde sie hinlaufen, ihre Arme um Fenjas Hals legen und sagen, du weißt, dass ich dir nichts antun wollte. Aber sie traut sich nicht.
Jana hört kaum, was leise gesprochen wird. Unverständliche Fremdwörter, lauter Fachbegriffe. Wozu soll das gut sein, was der Tierarzt unternimmt?
Jörg Ebert holt sich eine Heugabel, hebt das gesamte Stroh aus Fenjas Box und wirft es in die Box nebenan. Jana bricht der Schweiß aus. Wenn er nun auch in ihrer Box auftaucht! Sie muss raus.
Sie linst nach draußen. Die Männer drehen ihr gerade den Rücken zu.
In geduckter Haltung robbt Jana hinter den Mercedes, die Türklappe steht immer noch oben. Abgeschirmt vom Tierarztwagen kriecht Jana auf allen vieren zum Ausgangstor.
Was hat sie Fenja angetan?

11. Kapitel

Als Jana Minuten später ihr Rad nimmt und die Flucht ergreift, trägt sie noch immer die klobigen Sicherheitsstiefel vom Tierheim. Aber sie merkt es nicht.

Hektisch radelt Jana den gewundenen Weg zur Hauptstraße hinab, während sie sich mit einer Hand die Schnur ihres Players um den Hals nestelt, den sie bei der Arbeit nie tragen durfte. Entschlossen drückt sie die Stöpsel in die Ohren.

Die ganze Katastrophe übertönen. Im Rap-Rhythmus zuckt ihr Kopf.

Ohne auf den Verkehr zu achten, überquert Jana die Landstraße und jagt kopflos einen asphaltierten Feldweg entlang. Nur weg. Plan- und ziellos folgt sie einem dünnen Rinnsal, das neben der Fahrspur durch ein enges Bachbett rieselt.

Alles Scheißdreck, Baby, schreit der Rapper ihr ins Ohr.

Der bringt es auf den Punkt.

Obwohl es noch früh am Morgen ist, nicht mal acht Uhr, knallt die Sonne schon auf sie herunter. Der Rapper brüllt Janas Gehirn fast zu und trotzdem ist da immer noch Platz für Gedanken, die ihr schreckliche Bauchschmerzen verursachen.

Das Gericht wird sie nicht in Ruhe lassen. Nie und nimmer. Alle achtzig Sozialstunden müssen weg. Bis zur letzten. Von Wiegand kriegt sie die Bescheinigung nicht. Der wird dick und fett auf dem Vordruck vom Gericht an-

kreuzen: »Jana Schmitt ist der Arbeitsauflage nicht vollständig nachgekommen.«
Das heißt, sie muss den Rest bei einem anderen gemeinnützigen Verein abarbeiten. Garantiert wird Wiegand heute noch beim Jugendamt anrufen und petzen. Dann verfolgt der Psycho sie aufs Neue.
Nimmt mich überhaupt jemand für die Reststunden?
Die Leute sind doch nicht blöd, die werden den Typen vom Jugendamt fragen, warum sie wechseln muss. Was erzählt der Psycho dann? Sie hat versucht, ein Pferd umzubringen? Umbringen, was für ein grauenvolles Wort. Als ob sie Fenja etwas antun könnte.
Jana fährt über schattenlose Feldwege an Weizenfeldern und staubigen Äckern entlang. Kaum jemand ist unterwegs, außer ein paar Bauern mit Traktoren. Wenn nicht ab und zu das glänzende Asphaltband der Landstraße in der Ferne aufblitzte, hätte sie längst die Orientierung verloren.
Andauernd taucht Fenja vor ihr auf, sie kann das furchtbare Bild einfach nicht ausblenden. Wie sie am Boden liegt, stöhnend und fremd, mit hohlen Augen im verkrampften Gesicht.
Jana bekommt die Szene nicht aus dem Kopf.
Immer wieder redet sie sich ein: Das wird schon wieder mit Fenja. Wozu gibt es Tierärzte? Irgendwer wird sich um sie kümmern. Überhaupt – ist doch nicht ihr Pferd. Damit hat sie nichts zu tun. Aber sofort wird eine andere Stimme in ihr laut, eine, die mit Wiegands Worten spricht.

»Verantwortungslos. Kein Rückgrat.«
Vom freien Feld treiben dünne Staubfahnen zu Jana herüber. Sie reibt sich Sand aus den Augen. Wie angewurzelt steht plötzlich ein Reh auf dem Weg, in seiner erdbraunen Decke, vollkommen reglos, und starrt sie an. Erst als Jana mit dem Rad fast auf seiner Höhe ist, dreht es um und flieht leichtfüßig über den Acker.
So schwerelos müsste man sein, einfach wie eine leichte Feder davonfliegen, wenn es nötig ist.
Jana dreht die Musik bis zum Anschlag, aber sie kann nicht verhindern, dass zwei bohrende Stimmen in ihr streiten.
In der Ferne taucht eine Gruppe Reiter auf, fünf oder sechs mögen es sein.
Einen Moment lang stellt Jana sich vor, wie das wäre: sie auf Fenjas Rücken, wenn sie erst wieder gesund ist und stark. Ganz allein, nur Fenja und sie. Bis zum Horizont galoppieren, über die Hügel hinaus, die einem die Sicht versperren, so lange, bis man frei atmen kann. Bis ans Meer vielleicht.
Was soll das? Noch nie hat sie früher einen Gedanken ans Reiten verschwendet!
Und die Reitertruppe will sie auf keinen Fall treffen.
Jana tritt kräftig in die Pedale und biegt bei der nächsten Abzweigung zwischen zwei Kornfelder ein, bevor die Reiter auf Rufnähe herankommen.
Mit Pech sind Annalena und Linda dabei. Wenn die nicht längst im Tierheim herumhängen und sich das Maul über sie zerreißen. Bestimmt blasen die Dorftussis sich furchtbar auf und gackern bei Wiegand herum.

»Wir haben das gleich kommen sehen mit dieser Jana.«
Allmählich wird die Hitze unerträglich. Jana ist hundemüde vom Radfahren.
Mittags kauft sie in einem abgelegenen Nest Mineralwasser und Chips und verkriecht sich in einen Eichenforst, wo sie sich erschöpft auf dem Waldboden ausstreckt, in einem Bett aus niedrigen wilden Kräutern. In der Helligkeit draußen auf den Wegen fühlt sie sich schmutzig. Der Wald ist richtiger für sie, dunkel, kaum ein Lichtstrahl dringt durch das Blätterdach. Nur weit hinten, wo der Wald aufhört, ein fernes Flirren.
Jana fühlt sich krank und schwer. Zerschlagen. Als hätte sie Prügel bezogen.
Die Musik macht sie heute verrückt. Sie reißt die Stöpsel aus den Ohren und starrt auf die Baumwurzeln vor sich und das welke Laub vom letzten Winter. Abgerissene Äste vom Frühjahrssturm bauen sich wie ein Gitter vor ihr auf.
Anstaltsgitter!
Ohne den krassen Sound ist die Wirklichkeit für Jana kaum zu ertragen. Die Ereignisse vom Morgen. Die armselige Fenja. Alles dreht sich im Kopf.
In jäh aufflammender Verzweiflung tritt Jana gegen die verschränkten Zweige, aber die federn nur ein wenig und bleiben starr wie Gitterstäbe.
Dass ich im Tierheim rausgeflogen bin, hat auch Vorteile, denkt Jana bockig, während sie sich mit eiskalten Fingern Chips in den Mund stopft. So kann ich wenigstens ungestört mit der Clique an den Surfsee fahren.

Oder doch nicht?
Möglich, dass sie nächste Woche schon in der Arrestanstalt sitzt. Einzelzelle. Kein Telefon, kein PC, kein Besuch. Nur Frust, dumpfes Brüten und Putzen.
Und im Tierheim leidet ein Pferd.
Wenn sie doch wüsste, wie es Fenja inzwischen geht.
Jana fächelt sich mit dem Chipsbeutel Luft zu, als ob sie damit ihre schwarzen Gedanken verscheuchen könnte. Mit einer Hand klappt sie ihr Handy auf. Hat sie neue Nachrichten verpasst? Über Fenja? Vom Tierheim? Schwachsinn, Wiegand wird ihr doch nichts aufs Handy schreiben. Hat ja nicht mal ihre Nummer. Außerdem hasst er sie.
Jana ist aufgeregt und kribbelig. Wieso hat sie keine Nachrichten? Sie sehnt sich danach, irgendwem eine SMS zu schreiben. Oder mit jemandem zu sprechen. Mit Gecko, Laser, Benz oder Pixi. Ihre Clique ist jetzt wichtiger als je zuvor. Was heißt wichtiger – ihre Leute sind geradezu unentbehrlich. Lebenswichtig. Sie sind ja alles, was sie noch hat.
Aber was kann sie denen berichten? Die Sache mit Fenja muss sie verschweigen. Oder, zweite Möglichkeit . . . Jana schießen auf einmal verworrene Gedanken durch den Kopf. Sie muss die Sache mit Fenjas furchtbarer Kolik ganz anders drehen. Das Schreckliche gewissermaßen als coole Heldentat hinstellen.
Was sie vorhat, will Jana sofort in Worte fassen. Hektisch sucht sie im Handy-Menü herum, wählt schließlich »Sende-Optionen«, »E-Mail-versenden« und tippt eine Nach-

richt an ihren eigenen Computer zu Hause ein. Während sie schreibt, schnürt sich Janas Kehle zu.
Wie einsam bin ich eigentlich, denkt sie, wenn ich mir schon selber schreiben muss?
Sie tut es trotzdem.
Heute Abend haue ich vor der Clique schwer auf den Putz. Wie cool ich bei Meister Wiegand die Fliege gemacht habe. Wie lässig ich das abschüttele, ob ein Pferd krank am Boden liegt oder nicht. Die Crew soll richtig Respekt vor mir haben. Alina soll sich nur trauen, in unser Treffen reinzuplatzen!!! Am Wochenende verbringe ich jede Minute bei meinen Leuten.
Die Eule hat keine Chance.

Jana schickt die E-Mail ab.
Gerade jetzt, wo Alina in den Startlöchern steht, müssen die anderen kapieren, dass sie, die toughe Jana, mehr zu bieten hat als diese Schlange mit ihrem Geschleime.
Entschlossen steht Jana auf, klopft sich lockere Erde von der Hose und schiebt ihr Rad zurück auf den Weg.
Das Treffen kann sie kaum erwarten. Achtzehn Uhr an der Bushalte. Und spätabends in die Disco. Ins *wave 09.*

Zum Glück ist die Wohnung verwaist, als Jana nachmittags zu Hause ankommt. Sie wäscht das verschwitzte Gesicht und macht sich zurecht. Aber sie ist nicht bei der Sache. In ihren Gedanken ist immer nur Fenja.
Abwesend zerrt Jana irgendein schwarzes Teil aus dem Kleiderschrank und streift es über. Obwohl sie die ganze

Zeit vor ihrem Wandspiegel steht, sieht sie gar nicht, was sie tut. Sie greift kräftig in den Schminkkasten, am liebsten möchte Jana alles übertünchen, was an den Morgen erinnert. Ihre Hand mit dem Kajalstift zittert.
Bevor sie am frühen Abend losfährt, hört Jana den Anrufbeantworter ab. Insgeheim hofft sie auf eine Nachricht vom Tierheim, dass es Fenja wieder gut geht. Aber nur ihr Vater ist drauf.
»Ich kann erst Sonntag kommen. Wir müssen einen Neubau fertig machen.«

Als Jana an der Haltestelle eintrifft, ist zu ihrer Überraschung niemand da.
Rot-weißes Flatterband flattert im Wind und sperrt das Wartehäuschen ab. Über den Lenker gelehnt, späht Jana nach innen. Die angekokelten Bretter sind ausgetauscht worden und mit rotbraunem Holzschutzmittel gestrichen. Die Farbe hat ein paar Kleckse auf den grauen Betonsteinen hinterlassen. Als Jana die blutroten Farbspritzer entdeckt, greift sie sich unwillkürlich an die Kehle. Ihr Hals ist plötzlich wie zugeschnürt.
Jana kann die Augen nicht von den Farbtropfen nehmen, die sie höhnisch anzustarren scheinen und die aussehen wie Fenjas Blut. Wie es aus den Nüstern auf den Hof getropft ist, das sieht Jana wieder vor sich. Wie das Blut einen Schandfleck auf dem Hof hinterlässt, der jedem entgegenschreit: Seht alle her! Jana Schmitt, die auf Bewährung hier war – nun hat sie auch noch ein Pferd auf dem Gewissen.

Am Abfallkorb klebt neben dem Schild »Frisch gestrichen« ein Zettel mit Geckos eckiger Handschrift. »An alle! Mein Handy ist geklaut. Heute Treff bei mir hinter der Tischlerei. Mein Alter ist auf Tour. Gecko.«

Die Tischlerei ist an der unteren Dorfstraße. Wie geleckt liegt der asphaltierte Vorplatz mit dem runden Glaspavillon vor dem wuchtigen zweistöckigen Gebäude in der Abendsonne. Geckos Elternhaus.
Es ist falsch, denkt Jana, dass die Sonne weiterscheint, während ein Pferd ums Überleben kämpft.
Jana schiebt ihr Rad zwischen zwei Müllcontainern hindurch zur Werkstatt und lehnt es an die Wand. Dort, wo das Grundstück von der Straße nicht mehr einzusehen ist, wird der Garten müllig. Alte Bretter, Leitern und Latten, auf denen sich helle Nester von Schimmelpilzen ausbreiten, begleiten den überwucherten Pfad.
Jana muss schlucken. Der Schimmel löst sofort Erinnerungen an die verdorbenen Möhren aus. Furchtbar – wohin sie blickt, was sie auch tut, alles scheint irgendwie mit Fenja in Verbindung zu stehen. Und mit der Kolik.
Jana hört vertraute Stimmen und balanciert über einen schwankenden Bretterstapel zum Ende des Gartens, ihrem verborgenen Treff, den sie ansteuern, wenn Geckos Vater weg ist.
Wo das Grundstück spitz zuläuft, hocken Gecko, Laser, Benz und Pixi träge auf braunen Balken, halb verdeckt von Brennnesseln und Rhabarberblättern. Lässig heben sich vier Arme.

»Was hast du an den Füßen?«
Benz grinst und zeigt mit seiner Zigarette auf Janas Stiefel. »Siehst ja schlimm aus. Willst du mit den madigen Straßenarbeiterschuhen ins *wave 09?* Kannst du glatt vergessen bei dem neuen Türsteher.«
Irritiert schaut Jana an sich herunter. Verdammt! Sie hat immer noch die Sicherheitsstiefel vom Tierheim an statt der Lackballerinas. Nicht mal ihre staubigen Jeans hat sie zu Hause gewechselt, so sehr war sie durch den Wind. Sicher riecht sie nach Pferd. Aber egal. Denn jetzt kommt ihr großer cooler Auftritt. Ganz locker wird sie von der Pleite mit dem Attest berichten. Und von der stöhnenden Fenja. So, als ob das alles total an ihr vorbeigeht.
Jana holt tief Luft und setzt ihren Geheimblick auf, tut so, als gucke sie alle aufmerksam an, dabei sieht sie einfach durch ihre Leute hindurch. Guter Auftritt.
»Ihr erfahrt es ja doch irgendwann«, sagt sie mit großer Geste und zieht die Mundwinkel herunter, weil das extrem cool wirkt und bestimmermäßig. »Ich musste die ganze Zeit noch zu den dämlichen Sozialstunden.«
Benz quietscht triumphierend auf und schlägt sich auf die Oberschenkel.
»Also doch. Haben wir uns gleich gedacht. Wieso hast du die Sache mit dem Attest nicht durchgezogen?«
Jana lacht verächtlich.
»Hab ich ja, du Klugscheißer. Hilft nur nichts. Man muss die Stunden auf jeden Fall vollmachen. Notfalls woanders. Konnte ich also auch gleich in dem alten Tierheim bleiben. Dachte ich. Aber das ging mir dann doch derma-

ßen auf den Geist! Heute habe ich es so eingefädelt, dass sie mich rausgeschmissen haben. Mal sehen, was der Psycho dazu sagt. Aber ist mir so was von egal.«
»Komm, spuck's aus«, drängt Laser. Er zündet sich einen Stummel an Benz' Zigarettenglut an und bläst Jana weißen Qualm ins Gesicht. »Was ging ab auf deinem Ponyhof?«
Jana wedelt die Rauchwolken weg und breitet die Arme aus, als ob sie eine Predigt halten will. Sie bemüht sich, spöttisch und überheblich zu sprechen.
»Der Chef dort hat mich zu einem frisch angekarrten Klepper gesperrt. Isländer-Stute. So ein struppiges Teil. Hatten die Besitzer verhungern lassen. Na ja, fast. War verdammt mager. Das Fell hing ganz lose über den Rippen. Für das Tier sollte ich voll den Muttterersatz machen.«
Jana ist sehr zufrieden mit ihrer Rede. Mamba, der Eisblock. So verdammt cool, dass man eine Cola daran kühlen könnte.
»Ich und so ein abgewrackter Gaul! Das Allerletzte.«
Keiner sagt etwas. Jana ist verwirrt. Was ist los?
»Aber jetzt ist Ruhe.« Schnell redet sie weiter. »Die haben mich rausgeworfen. Hab der Stute verschimmelte Möhren gegeben. Ihr glaubt es nicht: Das Tier war zu blöd, die zu erkennen. Null Instinkt. Hat alles gefressen, was ich in den Trog gekippt habe. Voll vergammelt. Logisch hat das Pferd eine Kolik gekriegt. Tierarzt musste kommen. Echtes Drama. Aber ich bin ganz cool geblieben.«

Da fällt denen der Unterkiefer runter, was für eine toughe Frau sie in ihrer Mitte haben! Aber Moment – wo bleiben die respektvollen Zwischenrufe? Blitzschnell mustert sie Gecko, der auf seinem Balken herumrutscht. Muss sie noch drastischer werden? Offensichtlich. In allen Einzelheiten berichtet Jana, wie Fenja sich auf dem Boden krümmte.

»Und dann hat sie gestöhnt. Ungefähr so.« Sie stößt ein unterdrücktes Seufzen aus, lang und entsetzlich, als ob sie den eigenen Tod vor Augen hätte.

»Wie die gezittert hat! Voll das Grausen, sag ich euch.«

Während sie noch spricht, fühlt Jana sich auf einmal ganz merkwürdig. Als rede gar nicht sie, sondern eine andere. Das kann ja nicht sie sein. Sie bewegt nur die Lippen zu einem Text, der nicht von ihr stammt. Die Jana, die solche schrecklichen Sachen sagt, ist ihr völlig fremd. Das ist eine zweite Jana, die nicht in ihren Körper gehört. Nein, da redet eine Außerirdische, mit der sie nichts zu tun haben will.

Aber Jana kann nicht aufhören und steigert sich in einen richtigen Rederausch.

Die anderen müssen doch kapieren, wie cool sie ist. Die Silvesterpleite mit den Bullen und der Festnahme hat sie logischerweise ausradiert mit dieser starken Geschichte.

»Sieht echt scheußlich aus so ein krankes Pferd«, hört sie sich sagen, »aber da muss man geschmeidig bleiben.«

Wenn es darum geht, cool zu sein, überholt sie doch alle. Sie ist cooler als jeder von denen! Keiner soll sie für ein Weichei halten. Die Schwarze Mamba ist knallhart, wenn man ihr ein lächerliches Tierheim aufs Auge drückt.

Doch die ganze Zeit fühlt Jana sich erbärmlich. Wie kann sie so über Fenja reden? Das ist Verrat! Wie Feuer brennt die Schuld unter ihrer Haut.

Die vier Zuhörer sitzen seltsam nach hinten gebeugt auf dem Holzstapel, als wollten sie vor Jana zurückweichen. Einen Moment lang herrscht beklemmende Stille. Laser ist der Erste, der das Schweigen bricht.

»Das ist ja widerlich.« Mit Nachdruck schleudert er die halb gerauchte Kippe auf den Boden. »Seit wann stehst du auf Tierquälerei? Oberfies ist so was.«

Was sagt Laser da?

Ungläubig schaut Jana ihn an. Ausgerechnet Laser entpuppt sich als Memme? Laser, der am PC keine Skrupel hat, eine ganze Stadt zu killen?

Pixi umklammert mit weißen Handknöcheln den Balken, auf dem sie sitzt. Angeekelt reißt sie die Augen auf und wirft Jana einen einzigen Satz hin.

»Wie krank bist du eigentlich?«

Aber Benz! Der muss ihre Aktion einfach cool finden. Der hat doch am lautesten über die Sozialstunden gelacht. Wieso ist Benz nicht hin und weg von ihrem Ausstieg? Verständnislos starrt sie in sein angeekeltes Gesicht.

Benz schüttelt den Kopf, reibt sein Ohr-Piercing und murmelt:

»Ich kotze gleich.«
Und Gecko?
Der bleibt stumm. Langsam zieht er seine Mütze über die Ohren und senkt den Kopf. Geckos Schweigen ist schlimmer als jeder Vorwurf.
»Was denn!«, schreit Jana. Verstört blickt sie von einem zum anderen.
Sie fühlt sich in die Ecke gedrängt. Die wenigen Worte von Laser, Benz und Pixi waren deutlich. Sie steht voll im Abseits.
Ihre Clique stößt sie aus.
Bevor Jana sich noch mehr anhören muss, dreht sie sich auf dem Absatz um und rennt durch den Garten weg.
Die Worte ihrer Kumpel verfolgen sie. Ihre Blicke brennen in ihrem Rücken. Zwischen den Bretterstapeln hindurch stolpert Jana zurück zum Eingang. Sie weiß genau: Wer einmal raus ist aus der Clique, der kommt nie wieder rein.
Sie hat Fenja verraten und jetzt halten sie sie für ein Monster.
Alina hat freie Bahn. Sie, Jana, kann nahtlos ersetzt werden.
Sie gehört nicht mehr hierher. Nirgends gehört sie hin.
Alle Leitungen sind gekappt.
Nichts wird je wieder wie früher sein.
Sie ist nichts als ein Haufen Dreck.
Wie in Trance fährt Jana nach Hause. Sie sehnt sich nach etwas Kuscheligem, Weichem, Warmem, aber sie weiß, dass sie das daheim nicht finden wird.

Im Treppenhaus hängt ein Geruch von gekochtem Kohl und Desinfektionsmitteln. Frau Emmerich war wieder aktiv.
Wie im Gefängnis, denkt Jana bitter, als sie die Treppe hochsteigt. Dann kann ich mich schon mal an den Knastgestank gewöhnen.
Auch in der Wohnung riecht es nach Putzmitteln, als Jana die Tür aufschließt. Das Erste, was ihre Mutter jeden Tag beim Heimkommen macht, ist feucht durchwischen. Jana hasst den Geruch. Heute besonders.
Vielleicht sollte ich mal eine Flasche Desinfektionsmittel trinken, um von innen wieder sauber zu werden.
Der warme Duft von Fenjas Fell kommt Jana in den Sinn und sofort sieht sie das Pferd wieder vor sich. Gesund in der Box, beim gemächlichen Kauen von Heu. Fenja ist so ehrlich. Strahlt so viel Wärme aus.
»Bist du das, Jana?«
Die hohe Stimme holt Jana in die Wirklichkeit zurück.
Bestimmt staubt ihre Mutter im Wohnzimmer die zwanzigtausend Nilpferde ab. Dass die Plastikteile sauber sind, ist ihre größte Sorge.
Ohne Antwort rennt Jana über den Flur und wirft sich in ihrem Zimmer aufs Bett. Die ganze Welt ist aus den Fugen geraten. Und sie fällt durch die Ritzen. Nirgends gehört sie hin. Niemand versteht sie. Voller Verzweiflung hämmert Jana mit der Faust auf die Matratze. Sie will nicht heulen, aber sie kann nicht anders. Wenn bloß ihre Mutter nicht hier auftaucht!
Wenig später geht aber doch die Tür auf und Jana sieht

sie aus dem Augenwinkel im Rahmen stehen, aufgebrezelt mit tiefem Ausschnitt und engem Rock, als wolle sie ausgehen.

»Hoffentlich war nicht wieder was bei den Pferden?«, fragt ihre Mutter herausfordernd.

Jana schluchzt ins Kopfkissen.

»Sie haben mich rausgeworfen«, heult sie.

Wehe, wenn sie mich jetzt in den Arm nimmt. Ich schlage sofort um mich. Sie soll mich nicht anfassen.

Aber sie könnte es doch wenigstens versuchen.

Doch ihre Mutter macht keine Anstalten, sich auf Janas Bett zu setzen.

»Wenn du wieder krumme Sachen gemacht hast«, sagt sie sehr leise von der Tür aus, »sind wir geschiedene Leute. Genügt es nicht, dass du uns den ganzen Sommer verdorben hast?«

Jana hört echte Feindseligkeit in der Stimme. Interessiert denn ihre Mutter gar nicht, was passiert ist? Sie dreht den Kopf weg und rollt sich ganz klein zusammen.

»Mein Pferd ist krank geworden, aber bloß, weil der Pfleger mir vergammeltes Futter hingestellt hat.«

»Hör zu, Fräulein.« Die Stimme ihrer Mutter ist unnatürlich hoch. Kriegt sie gleich einen hysterischen Anfall? »Behalt deine Geschichten für dich. Zieh mich da nicht wieder rein. Der letzte Besuch in deinem Tierheim war schon peinlich genug.«

»Die schieben mir einfach alles in die Schuhe.«

»Wird schon was dran sein. Blamier uns bloß nicht noch

mehr vor den Nachbarn. Wehe, wenn du in der Arrestanstalt landest.«
Die Nachbarn, die Nachbarn, die Nachbarn. Immerzu geht es ihr nur darum, was die Leute von ihr denken.
»Was soll ich denn jetzt machen? Mich erschießen?« Jana blickt ihre Mutter Hilfe suchend an.
»Red kein dummes Zeug. Du fährst hin und bittest diesen Wiegand um Verzeihung. Damit die Sozialstunden bald erledigt sind.«
»Niemals! Der hört mir doch sowieso nicht mehr zu.«
»Völlig egal. Du musst das hinkriegen. Denk gefälligst daran, wie *wir* dastehen, Papa und ich, wenn . . .«
Jana schießt aus der Bauchlage hoch.
»Hauptsache, der Schein stimmt, was?«
Sie bebt vor Wut und Ärger und Einsamkeit.
»Glaubst du, ich habe mir eine Tochter gewünscht, die auf die schiefe Bahn gerät?« Martina Schmitt wedelt mit ihren Händen in der Luft, um den Nagellack zu trocknen. »Noch drei Jahre, dann bist du achtzehn. Dann kannst du tun, was du willst, und wir sind nicht mehr für dich verantwortlich.«
Jana dreht sich abrupt um und sagt gar nichts mehr.
So sieht es also aus. Ihre Mutter sitzt nur ihre Zeit mit ihr ab. Die kann es kaum abwarten, bis sie endlich aus dem Haus ist. Jana, der Störenfried. Wahrscheinlich war sie ihr all die Jahre nichts als ein Klotz am Bein. Sonst würde sie sich doch mehr darum kümmern, was sie so tut. Tagsüber. Und abends. Abends erst recht. Ob sie tatsächlich bei Pixi schläft, zum Beispiel.

Mama und Papa ist es wirklich total gleichgültig, was ich mache, schießt es Jana in jäher Erkenntnis durch den Kopf.
Ihre Mutter ist schon fast wieder auf dem Flur, da ruft sie noch in Janas Zimmer: »Ich bin heute Nacht mit den Kegelfrauen auf Tour. Papa kommt nämlich erst Sonntag, was soll ich also hier. Bei mir kann es früher Morgen werden. Reiß dich zusammen, Mädchen.«

12. Kapitel

Erst als die Wohnungstür hinter ihrer Mutter ins Schloss fällt, kriecht Jana aus dem Bett. Mühselig und mit schweren Gedanken steht sie auf.

Mein ganzes Leben läuft falsch. Nirgendwo gehöre ich hin.

Unruhig wandert Jana durch ihr Zimmer. Sie fühlt sich fremd im eigenen Körper. Schwach. Ohne Energie. Als hätte jemand den Stecker rausgezogen.

Von draußen fällt spätes Licht durchs Fenster und zeichnet einen fahlen Streifen auf den Fußboden.

Mit einem Ruck zieht Jana das Rollo herunter. Tageslicht erträgt sie jetzt nicht. Die schwarz verhängte Klemmleuchte über dem Spiegel genügt, um ihr Elend zu beleuchten.

Mit allen zehn Fingern fährt Jana sich durch die gelackten Haare. Alles ist verpfuscht. Sie ist schuld an Fenjas Schmerzen. Zu Hause ist sie lästig. Ihre Clique grenzt sie aus. Der Hengst hat sie rausgeworfen. Nur ein einziges Lebewesen auf der Welt ist genauso verlassen wie sie – Fenja. Und die wird sie nicht mehr sehen können. Ihr nie mehr tröstend zur Seite stehen.

Es kommt ihr vor, als sei sie in ein schwarzes Loch gefallen.

Abrupt bleibt Jana vor dem Spiegel stehen. Mit Abscheu betrachtet sie im spärlichen Licht das fremde Mädchen ihr gegenüber. Wild zerzaust, mit zerlaufenem Make-up. Verschmierter Kajalstift in den Augenwinkeln. Verwisch-

tes Lipgloss. Bleiches Gesicht. Wie ausgespuckt. Blutleer. Jana Schmitt – eine Untote.
Jäher Zorn wallt in Jana auf. Mit der Faust schlägt sie gegen das Glas. Ihr Spiegelbild zerspringt mit hellem Klirren. Schräg durch das Glas zieht sich ein langer Riss. Zwei schwarz verschmierte Janas starren sie an.
»Ich kann doch gar nicht schuld sein«, faucht sie die Scherben an. »Ich bin doch erst fünfzehn.«
Schluchzend dreht sie sich um und lässt sich auf den Drehstuhl fallen. Sie wirft sich über den Schreibtisch und umschließt ihr heißes Gesicht mit den Armen.
Am besten fährt sie gleich zum Bahndamm und wirft sich vor den nächsten Intercity. Bei dem Gedanken daran läuft Jana eisiges Schaudern über den Rücken. Wenn sie sie fänden, oder besser gesagt ihre Reste, dann hätte sie es allen gezeigt. Ihr seid alle schuld, hieße ihr Tod – ihr alle. Mama, Papa, die Bullen, der Richter, der Psycho, Wiegand, Ebert und natürlich Gecko, Laser, Benz und Pixi. Alina auch. Die besonders.
Sie hätte den Triumph . . . Aber nein, das ist einfach zu bescheuert. Jana hämmert ihre Stirn auf den Schreibtisch. Aufhören! Sie kann sich doch nicht auf die Gleise werfen, um der Welt etwas heimzuzahlen.
So entsetzlich einsam hat sie sich noch nie gefühlt.
Tausend Gedanken wirbeln ihr durch den Kopf. Fenja, immer wieder Fenja. Die ist auch so ein armes Schwein wie sie. Von allen verstoßen.
Was hat sie wohl gedacht, als sie allein auf der Koppel stand? Ist sie immer wieder zum Zaun gelaufen und hat

Ausschau nach ihrem Besitzer gehalten? Bestimmt hatte sie furchtbare Angst so allein. Kann ein Pferd verstehen, dass der Lieblingsmensch es einfach vergisst? Und im Tierheim gestern der neue Schock. Gerade als Fenja wieder Vertrauen fasste, bekam sie diese schweren Kolikschmerzen und wusste nicht, warum.

Als die Stute damals gebracht wurde, ausgezehrt und furchtsam, ist ihr Fenjas Schicksal nicht besonders nahe gegangen. Erst als sie ihr beim Grasen weggelaufen ist und fast auf die Straße galoppiert wäre, da hatte Jana Angst um sie.

Seit heute Abend ist ihr das Pferd noch näher als je zuvor. Nun weiß sie selber, was es heißt, total allein zu sein. Von allen verlassen. Nirgendwo Halt zu finden.

Was mag in diesen Minuten in der Isländer-Stute vorgehen? Ob sie noch Schmerzen hat? Oder . . . ist sie schon gestorben?

In einer plötzlichen Eingebung schaltet Jana ihren Computer an. Sie will wissen, nein, sie *muss* wissen, wann eine Kolik überstanden ist. Von Krankheiten hat sie keine Ahnung. Jetzt bereut sie es, dass sie damals kein Sachbuch über Pferde aus der Bücherei ausgeliehen hat.

Im Internet ruft Jana zuerst ihre E-Mails auf. Insgeheim hofft sie auf eine Mail von Gecko. Aber außer zwölf Spams liegt nichts im Briefkasten.

»Natürlich nicht«, murmelt sie niedergeschlagen und tippt als Suchwort Kolik ein. »Der will nichts mehr mit mir zu tun haben.«

Unter Kolik blinkt als Erstes die Warnung auf: »Koliken bei Pferden können tödlich verlaufen, darum muss sofort ein Tierarzt hinzugezogen werden.«
Jana schluckt und sucht schnell weiter. Das Stichwort Möhren taucht auf. »Zeigen Möhren nur das geringste Anzeichen von Verderbnis, ist wegen der hohen Kolikgefahr von einer Verfütterung Abstand zu nehmen.«
Sogleich verliert sie wieder die Fassung und schlägt mit der Hand auf den Schreibtisch. »Das weiß ich jetzt auch.«
Ungeduldig durchblättert Jana weitere Seiten. Sie will doch nur wissen, wann Pferde nach der Kolik über den Berg sind. Schließlich findet sie einen Hinweis, der ihr weiterhilft.
»Falls der Tierarzt nichts anderes anordnet, gibt man nach überstandener Kolik als erste Mahlzeit gutes Heu.«
Jana stellt den PC ab.
Ich müsste nur wissen, ob Fenja Heu bekommt. Dann wüsste ich, sie ist nicht mehr in Gefahr.
Sie muss zu Fenjas Box. Unbedingt.
Der Gedanke daran wird blitzartig zu einer fixen Idee, die Jana mit solcher Gewalt packt, dass sie den Drehstuhl nach hinten stößt und aufspringt.
Sie muss hin. Hier findet sie keine Ruhe.
Wer übernachtet diese Woche auf der Anlage? Max Wiegand müsste dran sein. Die Nachtschicht geht reihum. Ausgerechnet der Chef. Wahrscheinlich nutzt der den ruhigen Abenddienst für einen Brief ans Amtsgericht. Den

Inhalt kann sie sich genau vorstellen. »Jana Schmitt ist uneinsichtig und nachlässig. Ich halte sie für ungeeignet, mit Tieren umzugehen.«
Jana schaut auf die Uhr. Nicht mal Mitternacht. Sobald die Sonne aufgeht, macht der Nachtdienst einen Kontrollgang und bringt die Pferde auf die Koppel.
Bis zur Morgendämmerung kann sie bei Fenja gewesen und längst wieder verschwunden sein. Nur kurz nachsehen, wie es ihr geht.
Nervös wechselt Jana die Arbeitsstiefel, die sie immer noch an den Füßen trägt, gegen Turnschuhe aus. Zu Hause wird sie keiner vermissen. Ist ja keiner da. Im Flur hebt sie ihre schwarze Kapuzenjacke vom Garderobenhaken und stürmt die Stufen hinab ins Freie.
Draußen schaut sie zum Nachthimmel, der sich dunkelblau über dem Haus spannt. Dünne Wolkenfetzen hängen vor der scharfen Mondsichel. Von da oben ist nicht viel Beleuchtung zu erwarten.
Kann sie überhaupt das Fahrrad nehmen? An der Landstraße führt kein Radweg entlang und Laternen stehen dort auch keine. Jana zögert. Die Umgebung ist stockdunkel. Und dann ist auch noch Freitag, wo alle wie die Henker heizen, weil sie schnell in Klubs und Discos wollen. Besser, sie geht zu Fuß.
Jana läuft los, dicht an den Häusern entlang, die sich rechts und links der Dorfstraße aufreihen. Schnell raus aus dem Sichtkreis von Frau Emmerich!
Hinter dem Ortsausgangsschild, wo die Felder beginnen, taucht Jana in die Dunkelheit ein und geht mit großen

Schritten voran. Sie hat keine Ahnung, wie lange sie zu Fuß zum Tierheim braucht.
Der schwarze Asphalt zieht sich endlos hin. In der Ferne sieht Jana zwei helle Punkte, die rasch größer werden. Autoscheinwerfer. Sofort springt sie in den Straßengraben und duckt sich. Die Lichter bohren sich durch die Dunkelheit, kommen näher, blenden, gleiten an ihr vorbei. Grelle Finger, die nach ihr greifen.
Noch viele Dutzend Mal geht das so. Bei jedem Wagen taucht Jana im Graben unter oder sie verschwindet im Gebüsch. Jedes Mal hämmert ihr Herz vor Angst. Wer weiß, was für Leute unterwegs sind! Bestimmt auch zwielichtige Typen, die Mädchen aufreißen wollen. Und solche wie Benz, ohne Führerschein.
Die Strecke zieht sich hin, ohne dass Jana weiß, wie weit sie noch laufen muss. Alle zehn Minuten guckt sie auf ihr Handy. Wenn doch eine SMS käme. Ein Zeichen, dass sie nicht abgeschrieben ist. Aber nichts. Nach einer halben Stunde hält sie es nicht mehr aus und schickt eine Nachricht an Gecko.

Ich bin keine Ratte.

Sie zögert einen Moment. Soll sie mit Mamba unterschreiben? Ihren alten Cliquennamen verwenden? Oder wirkt das schleimig? Sie setzt »Jana« unter die SMS und schickt sie ab.
Ihre Füße schmerzen.
Die Dunkelheit strengt die Augen an. Jana ist angespannt und hellwach. Die Anstrengung ernüchtert sie. Was war

das für ein blöder Einfall, mitten in der Nacht zu einem Pferd zu pilgern!

Ich weiß gar nicht, wie ich zurückkommen soll. Ich hab sie wohl nicht alle.

Scheint so, als brauche sie für eine Strecke drei Stunden. Die Tour zurück schafft sie nie und nimmer. Aber egal.

Auf den letzten Kilometern schmerzen ihre Füße unerträglich. Sie hat jedes Gefühl für Zeit verloren.

Die Glieder werden schwer. Ihr ist so heiß. Jana streift die Jacke von den Schultern und knotet sie um ihre Hüften. Sie ist müde. Erschöpft. Angst vor der Zukunft nagt in ihr.

Der Tag hat Spuren hinterlassen. Die letzten Wochen auch. Wie ein Berg türmen sich die ungelösten Probleme auf. Ziemlich viel, was sie in Ordnung bringen muss.

Endlich kommt der Feldweg zum Tierheim in Sicht. Obwohl die kurvige Zufahrt im Dunkeln kaum auszumachen ist, erkennt Jana sie auf Anhieb.

Ein Hund gibt Laut. Heiser bellend antwortet ein zweiter. Schemenhaft tauchen vor Jana die Umrisse der Tierhäuser, Ställe und Zwinger auf.

Inzwischen ist es drei Uhr nachts.

Nach einem raschen Blick über die Schulter klettert Jana auf das hohe Eisentor. »Warum machst du nicht auch Freeclimbing?«, hat Gecko schon hundertmal gefragt. »So gelenkig, wie du bist, packst du das leicht.«

Direkt unter der einzigen Laterne am Eingang steht das Auto von Max Wiegand. Die plötzliche Helligkeit blendet Jana. Wiegand schiebt also Nachtdienst.

Jana springt auf der anderen Seite hinunter und wartet einen Moment, bis sich ihre Augen an die schwache Beleuchtung auf dem Hof gewöhnen. Sie duckt sich flach auf den Boden hinunter und robbt ein Stück, damit sie nicht ins Auge des Bewegungsmelders gerät.
Sie muss vorsichtig sein, sonst löst sie Alarm aus. Fehlt noch, dass Wiegand herausstürzt, wenn plötzlich Licht aufflammt, und sie für einen Einbrecher hält. Dann ist alles total verfahren, falls es überhaupt noch eine Steigerung gibt.
Ein paar Herzschläge lang verharrt Jana wegen der Hunde mitten auf dem Hof und horcht. Sie scheinen ihren Geruch zu erkennen, jedenfalls schlagen sie nicht laut an. Hoffentlich geht es Fenja besser, denkt Jana inbrünstig. Das Pferd noch einmal so gekrümmt auf dem Boden liegen zu sehen, das würde sie nicht aushalten.
An die Wand des Stallgebäudes gedrückt, schleicht Jana zu den Pferden. Wenn Fenjas Box nun leer ist?
Im Halbdunkel erkennt sie die beiden Braunen und die Fuchsstute. Die Pferde werden unruhig, heben ihre Köpfe und beginnen, mit den Hufen zu scharren. Kerzengerade sind drei Ohrenpaare auf Jana gerichtet, aber als die Pferde sie erkennen, entspannen sie sich und dösen weiter.
Fenja hat Jana noch nicht gesehen. Jedenfalls schaut die Stute nicht über die Tür wie sonst. Irgendetwas schnürt Jana den Hals zu, als sie mit weichen Knien an die Box herantritt. In ihrem Kopf spukt der Internet-Text herum: »Koliken bei Pferden können tödlich verlaufen.«

Wenn die Box leer ist, hat sie ein Pferd umgebracht.
Aber da steht Fenja!
Schwach und eingefallen, aber sie steht. Und vor ihren Hufen liegt ein kleiner Haufen Heu.
»Du darfst wieder fressen!«, murmelt Jana.
Fenja hebt den Kopf, als sie Jana erkennt.
Mit Herzklopfen öffnet Jana die Tür und geht hinein. Sie rechnet damit, dass Fenja vor ihr zurückweicht, wie ihre Clique heute, dass sie beißt oder tritt, wenn sie dazu genug Kraft hat. Grund dazu hätte sie ja!
Aber nichts passiert. Die Stute mustert Jana nur. Ist da nicht ein schwaches Erkennen in ihren Augen zu sehen? Sogar . . . ein *freudiges* Erkennen?
Jana kribbelt es in den Fingern, sofort etwas zu tun. Irgendetwas, was Fenja guttut. Was ihr Freude bereitet.
Bürsten ist das Beste für den Kreislauf, hat Jörg Ebert gesagt.
Aus dem Putzkasten, der vor den Ställen unter dem Dachüberstand steht, holt Jana eine weiche Bürste, mit der sie behutsam über Fenjas struppiges Fell fährt. Das Pferdehaar verströmt warmen und angenehmen Duft.
Jana sieht auf ihre Turnschuhe hinunter. Wenn Fenja ihr jetzt auf den Fuß tritt, wird das mordsmäßig wehtun. Aber es geschähe ihr recht.
Eine erbärmliche Rolle hat sie hier gespielt. Keinem kann sie die Schuld für die Schimmelmöhren in die Schuhe schieben. Sie muss die Verantwortung für die Kolik tragen. Sie allein.
Die Stute steht ganz still und reglos. Sie senkt den Kopf.

Trägt Fenja ihr etwas nach? Jana sehnt sich nach einer Geste des Verzeihens.
»Es tut mir so leid«, flüstert sie mit gepresster Stimme. »Ich wusste das nicht genau mit den Möhren. Das passiert mir nie mehr, das kannst du glauben. Ich komme wieder. Geschworen. Kann sein, ich bringe Gecko mit, der kann dein Heu nach oben bringen.«
Wieso erzählt sie dem Pferd etwas von Gecko?
Fenja dreht ein Ohr in Janas Richtung. Nach einer Weile seufzt die Stute tief, lässt den Kopf fallen und stützt ihre Stirn auf Janas Hüfte.
Das kranke Pferd sucht Halt bei ihr!
Überwältigt lässt Jana die Bürste sinken. Sie fühlt sich aufgewühlt und gleichzeitig ganz ruhig.
Wenn das doch Herr Wiegand sehen könnte!
Jana späht zu den Bürofenstern hinüber, die unsichtbar im Dunkeln liegen. Sobald die Sonne aufgeht, wird der Chef aus dem Haus kommen, um die Pferde auf die Weide zu bringen.
Als Jana daran denkt, wird ihr ziemlich flau im Magen. Aber sie wird diese Begegnung mit ihm durchstehen. Die Entscheidung hat sie auf dem langen Weg durch die Nacht getroffen. Jana rechnet damit, dass Max Wiegand außer sich sein wird, wenn er sie in der Box entdeckt. Aber sie will alles versuchen, um ihn umzustimmen. Alles, alles, alles. Nicht nur wegen der Arrestanstalt.
Sondern vor allem wegen Fenja.
An ihrem Gürtel vibriert das Handy. Antwort von Gecko? Jana wagt nicht, das Telefon hervorzuholen. Eine falsche

Bewegung, und die zerbrechliche Nähe zwischen ihr und Fenja wird gestört.
Verwirrende Gefühle überschwemmen Jana.
Erleichterung.
Unsicherheit.
Vor allem jedoch schämt sie sich. Weil die Stute so freundlich zu ihr ist, als sei nichts gewesen. Fenja nimmt ihr nichts übel.
Sie stützen sich gegenseitig, das schwache Pferd und sie. Zwei Entwurzelte, die neue Verankerung in der Welt suchen.
Obwohl ihre Arme schon taub sind und obwohl Jana sich kaum noch auf den Beinen halten kann, ist sie wild entschlossen, der Stute an ihrer Seite Halt zu geben.
Ein neues, unbekanntes Gefühl steigt in Jana auf. Innerer Frieden. Eine fremde Leichtigkeit. Freude.
So will sie neben Fenja stehen bleiben, aneinandergelehnt, bis die Sonne aufgeht.

Margot Berger

Auf der Suche nach Calido

Eine wahre Pferdegeschichte

Amelies Augen gleiten über die friedlich grasenden Pferde auf der Koppel. Sie kann es immer noch nicht begreifen. Eigentlich sollte dort auch ihr Friese Calido stehen, an seinem Platz unter den Eichen. Doch er is fort. Calido ist gestohlen worden, entführt bei Nacht und Nebel. Für Amelie bricht eine Welt zusammen. Sie beschließt, auf eigene Faust nach ihrem Pferd zu suchen …
Wahre Geschichten über die tiefe Beziehung zwischen Pferd und Mensch – das ist der Stoff, dem Margot Berger in ihren Romanen nachspürt. So sind ergreifende Geschichten entstanden: Authentisch, fesselnd, voller Hoffnung!

Margot Berger

Freundschaftsprobe

Eine wahre Pferdegeschichte

Sarah hat es nicht einfach mit Nestor. Ihr geliebtes Pferd ist das, was man gemeinhin „schwierig" nennt. Von seinem vorherigen Besitzer misshandelt, fasst Nestor nur sehr langsam Vertrauen zu seiner neuen Reiterin. Doch Sarah gibt nicht auf. Sie überredet ihre Eltern, sie mit ein paar Freundinnen auf einen einwöchigen Wanderritt gehen zu lassen. Sie hofft, dass die ununterbrochene Nähe sie und ihr Pferd zusammenschweißen wird. Was allerdings als einfache Ferien beginnt, wird zu einer Herausforderung für Pferd und Reiter ...

ENSSLIN

www.arena-verlag.de

160 Seiten. Mit Klappenbroschur.

ISBN 978-3-401-45278-4